Ulrich B. Müller

Die Entstehung des Glaubens
an die Auferstehung Jesu

Stuttgarter Bibelstudien
172

Herausgegeben von
Helmut Merklein und Erich Zenger

Ulrich B. Müller

Die Entstehung des Glaubens an die Auferstehung Jesu

Historische Aspekte und Bedingungen

Verlag Katholisches Bibelwerk GmbH
Stuttgart

Die Deutsche Bibliothek – CIP-Einheitsaufnahme

Müller, Ulrich B.:
Die Entstehung des Glaubens an die Auferstehung Jesu :
Historische Aspekte und Bedingungen / Ulrich B. Müller. –
Stuttgart : Verl. Kath. Bibelwerk, 1998
   (Stuttgarter Bibelstudien ; 172)
   ISBN 3-460-04721-6

ISBN 3-460-04721-6
Alle Rechte vorbehalten
© 1998 Verlag Katholisches Bibelwerk GmbH, Stuttgart
Gesamtherstellung: Friedrich Pustet, Regensburg

Inhaltsverzeichnis

    I. Die Frage nach Anstoß bzw. Impuls bei der Entstehung des Osterglaubens 7
    II. Der Aussagegehalt der ältesten Quellen 12
    III. Erneut: die Frage nach dem Anstoß 19
    IV. Die grundlegende Bedeutung des Wirkens Jesu: die Erfahrung des „Überschusses" an Heilsgewinn angesichts der hereinbrechenden Gottesherrschaft 24
    V. Mögliche Folgerungen für die Konzipierung des Osterglaubens 30
    VI. Jesu (verhüllte) Todes- bzw. Vollendungsankündigungen und ihre Bedeutung angesichts der Krisenerfahrung des Todes Jesu 36
    VII. Die mögliche Relevanz der jüdischen Märtyrer-Konzeption . 48
    VIII. Die Vorstellung der eschatologischen Totenauferstehung... 55
    IX. Visionäre Kommunikation als besondere Erkenntnisweise im jüdischen Bereich und bei Jesus 61
    X. Die visionär vermittelte Erkenntnis der eschatologischen Auferstehung Jesu 67
    XI. Die Erhöhung Jesu als besonderer Aspekt des Osterglaubens 72
    XII. Schlußbemerkungen 77

Literaturverzeichnis 81

I. Die Frage nach Anstoß bzw. Impuls bei der Entstehung des Osterglaubens

Auf die Frage „Wie kam es zum Osterglauben?"[1] hat man noch immer den Eindruck, daß die Forschung weit davon entfernt ist, eine einigermaßen sichere Antwort darauf geben zu können. Am wenigsten gezwungen wirkt für manche die Annahme, „daß das ‚er ließ sich sehen' auf die Überlieferung eines glaubenauslösenden Widerfahrnisses zurückweist und nicht etwa nur ein nachträglicher Kunstgriff ist, um die Gültigkeit des Glaubens an die Auferweckung und Erhöhung Jesu durch ein offenbarendes Geschehen zu sichern."[2] Zwar haben Hypothesen – so hat man gesagt –, „die ohne eine dem Karfreitag nachfolgende neue, als ‚Offenbarung' begriffene ‚Erfahrung' … auszukommen versuchen", oder solche, die den Osterglauben als Wirkung eines vom irdischen Jesus selbst begründeten Glaubens erklären, den Vorzug größerer Rationalität[3]. Doch sei hier Vorsicht geboten: Man kann die Annahme nicht einfach vertreten, „daß die Jünger auch ohne einen ihnen geschenkten, sich ihnen aufdrängenden, ihren Glauben und ihre Reflexion provozierenden Impuls zur Artikulierung des Osterglaubens kommen konnten."[4] Anders würde es vielleicht sein, wenn zur Zeit Jesu „die Erwartung des messianischen Propheten", der getötet wird, aber bald danach auferstehen wird, verbreitet gewesen wäre und wenn Jesus sich selbst als diesen Propheten verstanden hätte.[5] Der Nachweis über die sichere Existenz einer solchen Vorstellung scheint aber bisher nicht gelungen zu sein. Gleichwohl dürfte die Frage nach dem notwendigen neuen Impuls angesichts des Kreuzes auch dann nicht erledigt sein, wenn es jene Erwartung Jesu und die Voraussage seiner Auferstehung gegeben hätte. Selbst dann hätte man im Blick auf Ostern zu fragen, „was denn nun die Aussage und den Glauben, daß diese Voraussage wirklich eingetreten ist, veranlaßt hat."[6]

Diese aufgezeigte Zuspitzung auf der Suche nach dem besonderen Anstoß oder Impuls ist verständlich, wenn man sich den „breiten Graben" zwischen dem Tod Jesu am Kreuz und dem Glauben an die Auferstehung des Gekreuzigten vergegenwärtigt und die entscheidende Krise des Glaubens der Jünger im Kreuz sieht: „Für die Verkündigung der Jünger nach

---

[1] Vgl. den Titel des Buches: *A. Vögtle/ R. Pesch*, Wie kam es zum Osterglauben?
[2] A.a.O. 129.
[3] A.a.O.
[4] A.a.O.
[5] A.a.O. 130 mit implizitem Verweis auf *R. Pesch*, Entstehung 201–228.
[6] *I. Broer*, Der Herr 43.

dem Karfreitag bedurfte es eines neuen offenbarenden Impulses, einer neuen Begründung des Vertrauens auf die Heilswilligkeit Gottes."[7] Doch sollte man hier vorsichtig sein und die Forderung nach einem österlichen „Impuls" kritisch hinterfragen, insofern die Einsicht in die Schwierigkeiten, die Entstehung des Osterglaubens historisch zu erklären, allzu schnell zu der Verwendung eines Begriffs („Impuls" – „Anstoß") führt, der letztlich doch eine analogielose bzw. übernatürliche, d.h. eben nichthistorische Lösung der Problematik nahelegt. Man hat die Neigung von Interpreten zutreffend beschrieben, die die Krise der Jünger angesichts des Todes Jesu zu dramatisieren suchen: „Dieses düstere Bild ihres resignierten Zustands ergibt nämlich die willkommene Folie für eine ganz plötzliche, wunderbare und befreiende Wendung, die, wie man meint, dann nur durch die Begegnung mit dem Auferstandenen selbst noch bewirkt werden konnte als ein schlechterdings unbegreifliches und psychologisch völlig unerwartet eintretendes, neues Ereignis."[8] Die Konsequenz ist dann schnell die Annahme der objektiven Visionshypothese: „Von der historischen Konstatierung des plötzlichen, rätselhaften völligen Umschwungs in der Stimmung und Haltung der Jünger nach der Katastrophe zur Anerkennung, daß sie in ihren Visionen wirklich den von Gott auferweckten und erhöhten Herrn geschaut haben, ist noch ein gewaltiger Schritt, der Schritt vom Wissen zum Glauben."[9] Diese Sichtweise will als theologische Hypothese an dem transsubjektiven Ursprung der Ostervisionen und des Osterglaubens festhalten[10].

Sie benutzt in diesem Zusammenhang manche Schwächen der subjektiven Visionshypothese, wie sie sich in der liberalen Theologie des 19. oder angehenden 20. Jahrhunderts entwickelt hat, um diesen Ansatz als ganzen und grundsätzlich zurückzuweisen: „Alle Versuche, den Osterglauben und die Ostervisionen psychologisch-historisch zu erklären, müssen den Übergang von dem vorösterlichen Zustand der Jünger zum österlichen Glauben fließend gestalten, können ihn nicht als radikale Wende, als einen Neuanfang verstehen. Sie müssen dem, was die Jünger selbst bereits haben und aus sich zu leisten vermögen, einen entscheidenden Anteil an der Wende zuschreiben … Hier gibt es, um ein Bild zu gebrauchen, keinen Sprung über den Abgrund, sondern ein Wandern von einem Berg durch ein schmales nicht allzu tiefes Tal auf einen noch höheren Berg. Weder der Tod Jesu noch die Krise der Jünger ist wirklich ernst genommen."[11] Eine dieser Schwächen ist dabei in der Tat, daß man sich in der liberalen Theologie oftmals mit der allgemein gehaltenen Bemerkung begnügt hat, „daß es der unauslöschliche Eindruck des Lebens und Wirkens Jesu, seiner überwältigenden Persönlichkeit und seines Leidensgehorsams gewesen sei, der in den Jüngern den Osterglauben habe entste-

---

[7] *L. Oberlinner*, Kreuz und Parusie 83f.
[8] *H. v. Campenhausen*, Ablauf 45.
[9] *H. Graß*, Ostergeschehen 246f.
[10] A.a.O. 248.
[11] A.a.O. 239f.

hen lassen."¹² Im Blick ist damals eben noch nicht der eschatologische Charakter der Verkündigung Jesu (vgl. aber Johannes Weiß), der es erlaubt, nicht nur vom bloßen Eindruck der Persönlichkeit Jesu zu reden, sondern vom Anbruch der eschatologischen Königsherrschaft Gottes in seinem Wirken, unter dessen überwältigendem Einfluß die Jünger Jesu standen, als sie die Krisenerfahrung des Todes Jesu machen mußten.

Es ist sehr die Frage, ob man den Tatbestand der Diskontinuität zwischen dem Glauben der Jünger vor und nach Ostern so sehr betonen muß, daß der Osterglaube, historisch betrachtet, nur als völliges Rätsel erscheint, das allein die theologische Einsicht aufzuhellen versteht. Umstritten ist in diesem Zusammenhang die sog. Jüngerflucht, die Ausdruck völliger Verzweiflung angesichts der Verhaftung Jesu sein soll (Mk 14,50; vgl. 14,27 und Sach 13,7). Sie gilt einmal als „Legende der Kritik"¹³, wenn sie am Rüsttag oder gar am Sabbat und während der Passafestzeit erfolgt sein sollte, zum anderen hält man sie für durchaus plausibel, insofern die Hinrichtung Jesu am Kreuz auf Jesu Anhänger schockierend gewirkt haben mußte: „Vor allem Mk 16,7 scheint also eine Jüngerflucht nach Galiläa vorauszusetzen... Dort konnten sie sich sicher fühlen; dort waren sie weit genug von den Jerusalemer Behörden entfernt."¹⁴ Doch ist bei der These von der Jüngerflucht Vorsicht geboten. Petrus wird nach der Verhaftung Jesu nicht alsbald geflohen sein, wenn, wie wahrscheinlich, die Tatsache seiner Verleugnung Jesu historisch ist. Gänzlich unvorbereitet können Jesu Jünger im Blick auf Jesu Todesgeschick nicht gewesen sein, wenn Jesu verhüllte Todesansage Mk 14,25 (s.u.) in die Jerusalemer Tage gehört¹⁵. Möglicherweise war die innere Lage der Jünger vor und besonders nach dem Tode Jesu in einer ähnlichen Weise diffus, wie es die sicher legendarische Emmausgeschichte später beschreibt. „Sie reden miteinander und suchen den Sinn des scheinbar ganz unbegreiflichen Geschehens zu ergründen..."¹⁶ Sie sind nicht sofort bereit, „das scheinbare Ende Jesu und ihrer Hoffnungen als Gegebenheit hinzunehmen, sie sind damit nicht ‚fertig' geworden und finden sich mit dem Geschehen noch nicht ab."¹⁷ Diese allgemein psychologischen Erwägungen sind gewiß nicht beweisbar. Doch haben sie mindestens genau so viel historische Wahrscheinlichkeit wie die These einer als völlige Katastrophe zu verstehenden Jüngerflucht, die aus der Verzweiflung über das Geschehene geboren ist. Dabei hat man zu berücksichtigen, daß die besondere Todesart Jesu, die Kreuzi-

---

[12] A.a.O. 237.
[13] *M. Albertz*, Formgeschichte 269.
[14] *G. Lohfink*, Ablauf 151.
[15] Vgl. nur *A. Vögtle/R. Pesch*, Osterglauben 116f.
[16] *H. v. Campenhausen*, Ablauf 46.
[17] A.a.O.

gung durch die Römer, nicht jene Wirkung auch auf die Jünger gehabt haben muß, wie man ansonsten meint: „Im übrigen mußte allen Leuten, die messianische Hoffnungen mit Jesus verbanden, klar werden, daß sie einer Illusion erlegen waren. Denn entsprechend zeitgenössischer Deutung von Dtn 21,23 ist ein Gekreuzigter zugleich auch ein von Gott Verfluchter."[18] So „wird die Katastrophe des Kreuzes und damit die Barriere des Gottesurteils aus Dtn 21,23 offensichtlich."[19] Doch gilt es hier, vorsichtig zu sein. Sicher ist im frühen Judentum die Bestimmung aus Dtn 21 auf die eigentliche Kreuzigung bezogen worden, und Paulus wird in Gal 3,13 auf eine entsprechende jüdische Bestreitung der Messianität Jesu Bezug nehmen. Das heißt aber noch nicht, daß dies in der Weise ein Problem auch der ersten Jünger gewesen ist, daß die besondere Todesart Jesu für sie eine göttliche Widerlegung seines ursprünglichen Sendungsanspruchs sein mußte. Für die Tempelrolle gilt nur der Volksverräter, der lebendig ans Holz gehängt wird, als Verfluchter Gottes oder einer, der ein Kapitalverbrechen begangen hat, der zu den Völkern flieht und das eigene jüdische Volk verflucht (11Q T LXIV). Das dort einschränkend Gesagte darf aber nicht verallgemeinert werden, als gelte die Tatsache der Kreuzigung an sich als Verfluchung[20]: So erscheint etwa der fromme Jude, der sich zur Beschneidung bekennt und deshalb von dem kommenden Gewaltherrscher gekreuzigt wird (AssMos 8,1; vgl. auch 6,9), keinesfalls als Verfluchter Gottes. Auch den in Alexandria gekreuzigten Juden hat man ein würdiges Begräbnis gegeben (Philo Flaccus 83). Das Gleiche gilt für den im Grab bei Giv'at ha-Mivtar gefundenen Gekreuzigten, der auf privilegierte Weise (in einem Ossuar) wiederbestattet wurde[21]. Nichts berechtigt also zu der Schlußfolgerung, daß die aufgezeigte theologische Wertung der Kreuzigung[22] für die Jünger Jesu zwangsläufiger Anlaß war, eine von Gott vollzogene Widerlegung von Jesu legitimem Sendungsanspruch anzunehmen und so die Sache Jesu aufzugeben. Eine grundsätzliche Überlegung tritt hinzu: Die Jünger Jesu haben bei Jesus von Nazaret erfahren, daß die Tora (und damit wohl auch Dtn 21,23) angesichts der andrängenden Gottesherrschaft keine alleinige oder vorrangige Autorität mehr besitzt, sondern sich dem neuen Offenbarungshandeln Gottes unterzuordnen hat (Mt 11,12f. par Lk 16,16). Von daher ist es gar nicht sicher, ob Dtn 21,23 für sie die angenommene vernichtende Bedeutung gehabt haben kann. Trotz dieser differenzierenden Richtigstellungen wird

---

[18] H. Merklein, Auferweckung Jesu 231.
[19] L. Oberlinner, Kreuz und Parusie 83.
[20] Diese Einwände erhebt G. Friedrich, Verkündigung des Todes Jesu 124–128, ihm folgend H. Merklein, 1 Kor 189.
[21] Vgl. H.W. Kuhn, Kreuzesstrafe 712f.
[22] „Verfluchte Gottes und der Menschen sind ans Holz Gehängte" (11Q T LXIV).

Jesu Tod als solcher für sie eine „umstürzende Krisenerfahrung" gewesen sein, ohne daß von einer totalen Katastrophe ihres Glaubens zu reden ist. Jesu Hinrichtung als Aufrührer bzw. angeblicher Messiasprätendent seitens der Römer mußte als Schock gewirkt haben, wie noch die vielgestaltige Passionsüberlieferung, die diese Problematik aufzuarbeiten sucht, zeigt.

Man braucht dabei nur an Mk 15,34 zu denken, wo Jesu letztes Wort im Anschluß an den für den markinischen Passionsbericht so wichtigen Psalm des leidenden Gerechten lautet: „Mein Gott, mein Gott, warum hast du mich verlassen?" (Ps 22,2). Es ist überhaupt die jüdische Sicht vom leidenden Gerechten zu berücksichtigen, die eine damals verbreitete Perspektive bereithielt, die Jesu Tod zum „Testfall" für die Jünger machen konnte[23], ob dieser Jesus von Nazaret ein legitimer Prophet seines Gottes gewesen ist oder ob seine Gegner Recht hatten, die seinen Tod betrieben haben. Weish 2,12–20 veranschaulicht diese Perspektive für den heutigen Interpreten in deutlicher Weise:

„Laßt uns dem Gerechten auflauern; denn er ist schädlich für uns... Er behauptet, Erkenntnis Gottes zu besitzen und Kind Gottes nennt er sich... Laßt uns sehen, ob seine Worte wahr sind, und prüfen, wie sein Lebensende ausgeht; denn wenn der Gerechte ein Sohn Gottes ist, wird er sich seiner annehmen und ihn aus der Hand der Gegner entreißen... Mit Mißhandlung und Marter wollen wir mit ihm verfahren, damit... wir seine Geduld erproben. Zu einem schimpflichen Tod laßt uns ihn verurteilen..."

Jesu Jünger werden Jesu Tod in solch einem Denkhorizont in der Tat als Krise, ja als Testfall erlebt haben, aber nicht automatisch als endgültige Widerlegung seines Anspruchs.

---

[23] *J. Becker*, Urchristentum 46.

II. Der Aussagegehalt der ältesten Quellen

Angesichts der Negativerfahrung des Todes Jesu handeln die neutestamentlichen Texte vom neu entstandenen Osterglauben, der eine Zäsur gegenüber der vorösterlichen Situation des Leidens und Sterbens Jesu markiert. Wahrscheinlich läßt sich die älteste Überlieferung von Ostern im Rahmen von fest geprägten und deshalb bereits traditionellen Wendungen finden, die einmal in der Form einer partizipialen Gottesprädikation (mit Gott als Subjekt: Röm 4,24; 8,11a.b; 2 Kor 4,14; Gal 1,1; Kol 2,12b) oder in Gestalt eines Aussagesatzes erscheinen (Röm 10,9; 1 Kor 6,14; 15,15; vgl. 1 Thess 1,10). Der Aussagegehalt der Formeln ist jeweils theologisch bestimmt und noch nicht christologisch, d.h. konkret: Gott wird als Subjekt der Aussage vorausgesetzt, das Verbum (meist ἐγείρω) steht im Aorist und erfährt durch die Präpositionalbestimmung ἐκ νεκρῶν eine Präzisierung im Sinne der Totenerweckung.[24] Die partizipiale Fassung der Formel mit der Grundstruktur „(Gott), der Jesus/ ihn von den Toten auferweckte"[25] hat nun Formparallelen in der alttestamentlichen Bekenntnistradition, die Gottes Geschichtshandeln an Israel preist („Gott, der Israel/euch aus Ägypten geführt hat", z.B. Ex 16,6; Dtn 8,14; Jer 16,14f.; 23,7f.) oder sein Handeln als Schöpfer im Blick hat („Gott, der Himmel und die Erde gemacht hat", z.B.. Ps 115,15; 121,2). Sie entspricht jüdischen Gebetsformulierungen wie der 2. Benediktion des Achtzehnbittengebets: „Gepriesen seist du, Jahwe, der die Toten lebendig macht". Gerade die Parallelität mit solchen jüdischen Wendungen, die im Rahmen von Eulogien begegnen, legt es nahe, als ursprünglichen Sitz im Leben der frühchristlichen Gottesprädikationen den (gottesdienstlichen) Lobpreis darüber anzunehmen, daß Gott sich zu diesem Propheten Jesus trotz seines Todes am Kreuz bekannt und seine Botschaft von der bereits anbrechenden Herrschaft Gottes neu legitimiert hat, indem er ihn in einem besonderen Herrschaftsakt von den Toten auferweckt hat. Zwei Aspekte kommen dabei zusammen, einmal der eschatologische. Wie die Nähe der partizipialen Gottesprädikation zur 2. Berakha des Achtzehngebets andeutet, ist die Auferweckung Jesu im Vorstellungshorizont der endzeitlichen Totenauferstehung gesehen[26]; dafür spricht auch die Erkenntnis, daß die partizipiale Gottesprädikation einen umfassenden, d.h. wohl eschatologischen Herrschaftsakt Gottes voraussetzt. Dazu tritt der andere Gesichtspunkt, die Bestätigung des Vergangenen, d.h. die Rehabilitierung

---

[24] *P. Hoffmann*, Auferstehung 480; im übrigen *ders.* a.a.O. 478–513.
[25] Vgl. dazu *J. Becker*, Gottesbild Jesu 23–47.
[26] *P. Hoffmann*, Auferstehung 486; anders J. Becker, Gottesbild Jesu 39.

des getöteten Jesus: Die in den Gottesprädikationen zum Ausdruck kommende alte Osterdeutung „versteht sich als Gottes Ja zu dem am Kreuz hingerichteten heilsmittlerischen Propheten Jesus."[27] Dabei ist allerdings sofort festzustellen: So sehr die genannten formelhaften Auferweckungsaussagen eine sehr frühe Deutung von Ostern enthalten, so wenig machen sie kenntlich, wie sie diese Einsicht gewonnen haben.[28] Sie berufen sich nicht auf die Ostererfahrung der Jünger, wie sie in der ältesten Erscheinungstradition formuliert ist.

Diese ist in der vorpaulinischen Glaubensformel 1 Kor 15,3–5 am ehesten greifbar, wobei die dortige zweigliedrige Doppelaussage über Tod und Auferweckung Jesu bereits eine Verbindung ursprünglich selbständiger Sätze über diese Sachverhalte sein dürfte und deshalb in dieser Gestalt bereits eine fortgeschrittene Traditionsentwicklung verrät. Gleichwohl enthält die sog. Glaubensformel alte Überlieferung, wobei die Erscheinungsaussage „er erschien Kephas, dann den Zwölfen" besonderes Interesse verlangt. Es ist hier nicht nötig, die umfängliche Diskussion über die Bedeutung des ὤφθη erneut aufzunehmen. Drei Ergebnisse der kontroversen Debatte sind aber wohl als sich abzeichnender Konsens festzuhalten[29]. a) ὤφθη + Dativ der Person ist deponential im Sinne „er ließ sich sehen" – „er erschien" zu verstehen, wobei der Terminus sprachgeschichtlich von der LXX beeinflußt ist. b) Dieser greift zurück auf die Theophanien bzw. Angelophanien des Alten Testaments. Der Ausdruck sieht also die Christuserscheinungen in einem vorgegebenen Deutungszusammenhang, der diese in eine Analogie zu den alttestamentlichen Erscheinungen Gottes bringt. c) Die sprachlichen Vorbilder enthalten ein visuelles Element[30], das gerade im griechischen Bereich (etwa in der LXX) verstärkt empfunden wird, so daß die Christuserscheinungen, von außen betrachtet, doch wohl als visionäre Erfahrungen der Jünger anzusehen wären. Gerade das Zeugnis des Paulus, der seine eigene Christusschau (1 Kor 9,1) in eine Linie

---

[27] *J. Becker*, Gottesbild Jesu 45.
[28] *P. Hoffmann*, Auferstehung 487.496f.
[29] Vgl. zum folgenden nur *P. Hoffmann*, Auferstehung 492f.; *G. Lüdemann*, Auferstehung Jesu 70f.; vorher schon *A. Vögtle/R. Pesch*, Osterglauben 37–68.
[30] *I. Broer*, Der Herr 58 weist auf die Möglichkeit hin, daß bei ὤφθη ein abgeschliffener Gebrauch vorliegen könnte, wie er speziell in den jüngsten Büchern der LXX vorliegt, wobei auch andere Subjekte als Gott erscheinen. *G. Lüdemann* folgt diesem Gedanken (Auferstehung Jesu 71) und nennt als Belege 2 Kön 14,11; 1 Makk 4,6.19; 9,27; 2 Makk 3,25). Doch bleibt dieser Einwand für 1 Kor 15,5 deshalb ohne Gewicht, weil, wie oben ausgeführt (so auch *G. Lüdemann*, Auferstehung Jesu 72.73f.), Paulus selbst bei seiner Christuserscheinung ein visuelles Element erwähnt (1 Kor 9,1).

rückt mit den Ostererscheinungen (1 Kor 15,3–8) legt diesen Schluß nahe.[31]

Doch ist bei der zuletzt genannten Schlußfolgerung Vorsicht geboten, insofern die Wendung „er erschien Kephas u. s. w." eben nicht unmittelbar mit der „puren" Erfahrung der Jünger oder dem „ursprünglichen Inhalt selbst" konfrontiert[32], sondern gerade, wenn man den erwähnten alttestamentlichen Deutehintergrund berücksichtigt, immer schon theologisch interpretierte Erfahrung wiedergibt.[33] Darüber hinaus ist andererseits auch zu sehen, daß ein symbolisches Deutungssystem nicht erst nachträglich an eine Vision herangetragen sein muß, sondern am Entstehen derselben wesentlich beteiligt sein kann, wenn auch spätere Reflexion die visionäre Erfahrung vertiefen oder neu interpretieren wird. Allerdings sind „die ältesten Deutungsmuster der Ostervisionen nicht gegen diese selbst" auszuspielen[34]. Will man nicht von vornherein ein analogieloses und insofern übernatürliches Ereignis postulieren, so wird der Historiker aufgrund des Analogieprinzips in dem, was die alte Überlieferung mit „er erschien dem Kephas, dann den Zwölfen" bezeichnet, visionäre Kommunikationsformen zu konstatieren haben[35], was der Erfahrungswelt des damaligen Judentums bzw. frühen Christentums entspricht. Es ist nur auf Jesu Vision vom Satanssturz zu verweisen (Lk 10,18), auf des Paulus „Schauungen und Offenbarungen des Herrn" (2 Kor 12,1)[36] und die Beauftragungsvision des Sehers Johannes (Offb 1,10f.).

Dieser Sachverhalt impliziert, „daß das visionäre Rollenspiel zwischen Mensch und himmlischer Welt durchaus nicht monoton zu verlaufen braucht"[37], daß vielmehr –

---

[31] Paulus „drückt also denselben Sachverhalt wie 1 Kor 15,8 als eigene aktive sinnliche Wahrnehmung aus, ohne auf mögliche Erscheinungs- bzw. Legitimationsformeln zurückzugreifen. Paulus behauptet somit eine visuelle Seite der 1 Kor 15,8 ausgeführten Erscheinung." (G. *Lüdemann*, Auferstehung Jesu 73 in berechtigter Zurückweisung einer These, die in 1 Kor 15,3–8 nur eine literarische Legitimationsformel sieht ohne erkenntnisvermittelnden Aspekt, wie es z. B. *R. Pesch*, Entstehung 212–218, tut.) Das Entsprechende gilt dann auch für die Erscheinungsaussage bei Kephas in 1 Kor 15,3–5.
[32] S. *Vollenweider*, Ostern 43f.
[33] Vgl. auch *I. Boer*, Der Herr 58f.
[34] S. *Vollenweider*, Ostern 44.
[35] Vgl. *ders.*, a.a.O. 39.
[36] Paulus sagt nicht ausdrücklich, ob er etwas sah oder was er sah. „Allerdings deutet er es ... mit dem Wort ‚Paradies' an. Er wird ja den Ort, wo die ‚Fahrt' endete, als Paradies erfühlt und ‚erkannt', d. h. wohl auch gesehen haben, was im Paradies vorhanden war." G. *Lüdemann*, Auferstehung Jesu 100. Ansonsten vgl. die entsprechende Bemerkung bei *H. Windisch*, 2 Kor 377.
[37] *B. Heininger*, Paulus als Visionär 39. Die oben im Text getroffene Unterscheidung verschiedener visionärer Kommunikationsmodi folgt Heininger, a.a.O. 39–43.175–179. Ihre Bedeutung für Paulus als Visionär ist a.a.O. 182–211 erörtert.

idealtypisch gesehen – vier Möglichkeiten visueller Kommunikation zwischen göttlichem und menschlichem Bereich zu unterscheiden sind:

a) Zu erwähnen ist zunächst die *Erscheinung,* bei der Himmelsbewohner sich auf die Erde begeben, sich dort den Menschen sichtbar machen und danach in den Himmel zurückkehren (Gen 17,1.22; 35,9–13; Ri 13,20). Der Ton liegt dabei auf der Aktivität des Erscheinenden, der aus dem Verborgenen hervortritt („er erschien..." vgl. 1 Kor 15,5.8).

b) Beachtenswert sind auch *Entrückung* bzw. *Himmelsreise* als Modi visueller Begegnung mit dem himmlischen Bereich.

c) Wichtig sind die *Visionen im engeren Sinne,* bei denen wie in den prophetischen Visionsberichten die menschlichen Akteure die Erde nicht verlassen (z.B. 1 Kön 22,19–22; Jes 6,1–13; Apg 7,55f). Die Erzählperspektive liegt beim Menschen, der selbst etwas Eigenes mitzuteilen hat („ich sah..." vgl. 1 Kor 9,1).

d) Eine eigene Kommunikationsform stellt der *Traum* bzw. die *Traumvision* dar, bei denen die visuelle Bewegung von der himmlischen Welt hinab auf die menschlichen Empfänger führt (z.B. Num 24,3f.15f LXX; Ijob 4,12–16; passim in Dan).

Zu beachten ist, daß es im Zuge der Überlieferung zur Verschränkung der visionären Kommunikationsmuster kommt, daß also ursprünglich geschiedene Kommunikationstypen eine Symbiose eingehen (vgl. nur 1 Hen 14,4 und 14,14.18). Paulus etwa benutzt in 1 Kor 9,1 die Sprache visionärer Prophetie oder Apokalyptik (Vision im engeren Sinne), während er in 1 Kor 15,8 (im Anschluß an die vorgegebene Erscheinungstradition in 1 Kor 15,3–5) den Kommunikationstyp Erscheinung wählt.

Für die Deutung der Ostererfahrung der Jünger ergeben sich daraus Konsequenzen. Der alten Redeweise „er ist Kephas erschienen" könnte eine ebenso ursprüngliche Äußerung entsprechen: „ich/wir haben den Herrn gesehen", die in verschiedenen Strängen der Ostertradition auftaucht (Joh 20,18.25 bzw. Mk 16,7 im Vergleich mit 1 Kor 9,1). Der Unterschied läge nur in der jeweiligen Erzählperspektive, einmal als Redeweise Dritter („der Engel des Herrn erschien ihm/ihr" Ri 6,12; 13,3), dann aus der Eigenperspektive („ich habe den Engel des Herrn gesehen" Ri 6,22; 13,22). In Gen 16,13 LXX sind beide Redeweisen verschmolzen: „Ich habe den gesehen, der mir erschienen ist." Wie immer man aber entscheidet, für die hier leitende Problemstellung bleibt die Frage, welche visionäre Kommunikationsform für Ostern die ursprüngliche sein könnte, ohne besondere Relevanz. Zu beachten ist einmal, daß keiner der überlieferten Texte mit Sicherheit bis zur frühesten Artikulation der Ostererfahrung heranführt (auch nicht 1 Kor 15,3–5). Zum anderen geht es bei den Überlegungen zur Entstehung des Osterglaubens viel stärker um den besonderen Anstoß bzw. Impuls als um den spezifischen Modus visionärer Kommunikation.

Wie ist nun das Verhältnis zwischen Erscheinungstradition 1 Kor 15,3–5 und jener alten Formelüberlieferung zu sehen, die Gott als den prädizierte, der Jesus von den Toten auferweckt hat? Oben wurde ja bereits festgehalten, daß diese formelhaften Auferweckungsaussagen keinen expliziten Bezug zu den Erscheinungsaussagen haben (1 Kor 15,3–5), also nicht verraten, wie sie die Einsicht in Gottes schöpferisches Handeln gefunden haben. Immerhin kombiniert die alte Glaubensüberlieferung 1 Kor 15,3–5 beide Aussagen und rückt den Erscheinungshinweis (allerdings nur) an die zweite Stelle. „Als Folge entfiel er in der altkirchlichen

Bekenntnisbildung... Erst die moderne Analyse entdeckt wieder sein Gewicht: Kein alter Auferstehungshinweis führt vor die Erscheinungen zurück, so daß das ‚er erschien' den Schlüssel zur Faktizitätsfrage bildet."[38] Entsprechend alter liberaler Forschungstradition hat man jüngst wieder die Erscheinungsaussagen an den Anfang der Ostererörterung gestellt und in den Erscheinungen der Jünger das Medium der Entstehung des Osterglaubens bestimmt.[39]

Ein Einwand gegen diese Sichtweise sei sofort genannt: Dieser Ansatz wäre dann einleuchtend, „wenn Schau eines Verstorbenen und Auferstehungsaussage im Umkreis des ersten Christentums zusammenhingen. Der Nachweis dessen mißlingt jedoch. Kein Beleg des Auferstehungsgedankens im Israel der Zeitenwende kombiniert diesen mit der Erwartung, der Verstorbene/Erstandene erscheine ihm verbundenen Personen."[40] Diese Feststellung stimmt wohl; doch fragt sich, ob damit ein grundsätzliches Argument gegen die Möglichkeit einer historischen Erklärung der Entstehung des Osterglaubens im Kontext der Erscheinungsaussage gegeben ist. Jedenfalls klingt die weitere Schlußfolgerung problematisch, weil allzu voreilig: „Die spezifische Behauptung des ältesten Formelkreises, Jesus sei auferstanden und erschienen, ist historisch schwerer zu erklären, wenn wir den Anstoß eines äußeren Geschehens zurückstellen als wenn wir ihn annehmen."[41] Die Forderung eines zusätzlichen „äußeren Anstoßes" wird für eine historische Betrachtungsweise nämlich dann eine fatale Konsequenz, wenn sie zum Postulat eines letztlich übernatürlichen Eingriffs von außen verführen sollte.

In diesem Zusammenhang ist daran zu erinnern, daß die Glaubensformel 1 Kor 15,3–5 Erscheinungen und Auferweckungsaussage unmittelbar verbindet, wobei sogar ein kausales Verhältnis zwischen beiden Aspekten mitgedacht sein dürfte. Bei 1 Kor 15,3–5 zeigt sich eine klare Gliederung von zwei Doppelaussagen[42]: einmal „gestorben – begraben", sodann „auferweckt – erschienen". Dabei ist die fundamentale Doppelaussage (gestorben – auferweckt)[43] jeweils vorgeordnet, ergänzt durch bestätigende bzw. beglaubigende Zusätze. „Er wurde begraben" beweist die Sterbensaussage und soll die Realität des Todes bestätigen. Parallel dazu beglaubigt „er erschien" die grundlegende Auferweckungsaussage. Zwar steht 1 Kor 15,3–5 nicht am Anfang urchristlicher Traditionsbildung, sondern setzt

---

[38] *M. Karrer*, Leben und Tod 134 mit Verweis auf *H. W. Bartsch*, Inhalt 804f.808.
[39] *G. Lüdemann*, Auferstehung Jesu 70–72.124–128.
[40] *M. Karrer*, Leben und Tod 136.
[41] A.a.O. 137.
[42] Das Folgende im Anschluß an *H. Conzelmann*, 1 Kor 297.301.303.
[43] Als solche Grundaussage erkennbar an der nur hinter diesen Doppelaussagen stehenden Zufügung „nach den Schriften".

ein stark reflektiertes Stadium voraus. Dennoch verrät wohl die Zuordnung der Erscheinungen zum Auferweckungsbekenntnis einen ursprünglicheren Zusammenhang, wobei die jetzige Verbindung einen legitimatorischen Zweck verfolgt, insofern die Glaubensaussage von der Auferweckung Christi als durch die Erscheinungserfahrung bestimmter Zeugen beglaubigt erscheint. „Wenn man schon … die Entsprechung ‚er wurde begraben' – ‚er erschien' und die beglaubigende Funktion des ‚er erschien' anerkennt, muß man doch wohl auch zugeben: Der ὤφθη-Satz will die behauptete Auferweckung durch den Hinweis auf erfolgte Erscheinungen beglaubigen …"[44] Das schon herausgestellte visuelle Element von ὤφθη erlaubt es, hier an visionäre Erfahrungen zu denken, die letztlich die Ostererkenntnis „er ist auferweckt" vermittelt haben, auch wenn genaue religionsgeschichtliche Parallelen von Visionen Verstorbener, von denen die Auferweckung behauptet wird, fehlen. Zu demselben Schluß führt auch die Beobachtung, daß nicht nur 1 Kor 9,1 („habe ich nicht Jesus, unseren Herrn, gesehen?") die visionäre Deutung von ὤφθη nahelegt (wegen der Parallelität zu 1 Kor 15,8), sondern auch Gal 1,15f., weil die apokalyptisch geprägte Terminologie die Annahme gestattet, daß jedenfalls die Oster-Apokalypsis des Paulus „in einer der apokalyptischen Vision analogen Weise" neue konkrete Inhalte erschlossen hat[45]. Diese Inhalte sind allerdings aus religionsgeschichtlich vorgegebenen Kategorien oder den visionären Erfahrungen der Jünger allein, also isoliert gesehen, nicht ableitbar, sondern nur, wenn man sie in dem besonderen eschatologischen Gesamtkontext betrachtet, in dem die Jünger Jesu vor seinem Tod angesichts seines Wirkens standen und den sie mit Ostern alsbald wieder aufnahmen. Vorösterlich waren die Jünger geprägt von Jesu Verkündigung der sich in der Gegenwart bereits durchsetzenden Herrschaft Gottes. Ostern bedeutete die Rehabilitierung der Botschaft Jesu und damit die Eröffnung eines noch umfassenderen eschatologischen Zusammenhangs, wenn sich bewahrheitet, daß die formelhaften Auferweckungsaussagen nicht nur die Legitimation des hingerichteten Propheten Jesus und seiner Botschaft beinhalten, sondern in der Auferweckung Jesu den Anbruch der Endereignisse behaupten, die die eschatologische Totenauferstehung einschließt[46]. Mit Blick auf diesen eschatologischen Gesamtzusammenhang sind zunächst auch folgende Sätze ernstzuneh-

---

[44] *A. Vögtle/R. Pesch*, Osterglauben 47 in Auseinandersetzung mit *R. Pesch*, Entstehung 212–218, der die Erscheinungsaussage nur als Legitimationsformel von Autoritätspersonen wie Petrus u.s.w. verstehen will, ohne das Geschehen der Offenbarungsvermittlung zu implizieren.

[45] *P. Hoffmann*, Auferstehung 496.

[46] A.a.O. 487.497; *G. Lohfink*, Ablauf 158f.; *S. Vollenweider*, Ostern 47f.

men: „Die Situation der Jünger nach Jesu Tod war also einerseits durch den Zwiespalt zwischen erfahrener Realität und einstiger Bindung an Jesus und andererseits durch die noch andauernde apokalyptische Hoffnung bestimmt. Sie waren in ihrer ganzen Existenz betroffen. Es war dies eine Situation, die, wie die Analogien aus der Religionsgeschichte zeigen, bei einer entsprechenden psychischen Disposition und in einem entsprechenden Milieu zu visionären Erfahrungen führen kann."[47] In dem eschatologisch erregten Milieu Palästinas, in dem einzelne Menschen immer wieder beanspruchten, Offenbarungen über die letztgültige Schriftdeutung empfangen zu haben (Lehrer der Gerechtigkeit), Gesichte geschaut (Jesus: Lk 10,18) und Himmelsreisen unternommen zu haben (2 Kor 12,1 ff.), sind visionäre Erfahrungen der Jünger historisch möglich. Entscheidend aber bleibt die Frage, *warum* die Jünger Jesu auch nach Jesu Hinrichtung durch die gerade erwähnte andauernde eschatologische Hoffnung bestimmt sein konnten, die sich in visionären Erfahrungen verdichtet hat. Die alte partizipiale Gottesprädikation, die entscheidender Inhalt frühchristlichen Lobpreises gewesen sein wird, daß nämlich Gott diesen Jesus von den Toten auferweckt hat, deutet ja nur die Kontinuität des eschatologischen Glaubens vor und nach Ostern an, verrät aber nicht den Grund, warum diese bestehen konnte. Es taucht damit wieder die Frage nach dem Impuls oder dem Anstoß auf, der die Kontinuität trotz erfahrener Diskontinuität angesichts des Todes Jesu bewirkt bzw. gesichert hat. Der Versuch einer Antwort liegt vielleicht in dem Satz: „Der Glaube an den von Jesus verkündigten Gott Israels erweist sich so als die Brücke, die – über den ‚Ostergraben' hinweg – die Erfahrung der Jünger mit dem Irdischen und ihre solchen Glauben neu ermöglichende Ostererfahrung verbindet."[48] Nur bleibt das Problem immer noch ungelöst, warum diese Brücke, also der Glaube an den von Jesus verkündigten Gott, nicht zusammengebrochen ist.

---

[47] *P. Hoffmann*, Glaube an die Auferweckung Jesu 251.
[48] A.a.O. 249.

III. Erneut: die Frage nach dem Anstoß

Historisch betrachtet, kann man in dem Geschehen, daß sich kurze Zeit nach dem Tode Jesu aus den verunsicherten und trauernden Jesusanhängern eine Gruppe bildet, die die Auferweckung ihres Herrn bekennt, ein kontingentes geschichtliches Geschehen sehen, dessen Kausalität nicht verrechenbar ist, sondern sich in psychologischer Hinsicht „als offenbar gelungene Kontingenzbewältigungsstrategie" erweist, die ihre Analogie im sog. Trauerprozeß hat.[49] Zwar seien die Ostererfahrungen auf den ersten vordergründigen Blick als mißglückte Trauerarbeit zu werten, weil die Ostervisionen als Ausdruck eines Regressionsverhältnisses erschienen, das den entscheidenden Schritt zur Wirklichkeitsanpassung in der Ablösung von dem Verstorbenen verweigert. Andererseits aber sei die von den Jüngern geleistete Trauerarbeit in überraschender Weise erfolgreich und kreativ, da sie zu einer Bewußtseinserweiterung führt[50], die ihr Merkmal hat in der durch Visionen vermittelten Überzeugung von Gottes neuem, eschatologischem Handeln an dem gekreuzigten Jesus. Man kann sich auf einen solchen Hinweis geschichtlicher Kontingenz beschränken. Die Ostererfahrungen der Jünger würden bestimmten psychologischen Gesetzmäßigkeiten folgen, in diesen aufgrund irgendeiner Zwangsläufigkeit aber nicht aufgehen, sondern den Aspekt des Überraschenden behalten, insofern die hier erwogene Trauerarbeit zu unerwarteten Ergebnissen gelangt. Doch bleibt eine derartige Beschränkung unbefriedigend, weil sie den Verzicht auf eine weitere historische Erklärung leistet.

Doch drängt sich die Erkenntnis auf: Den besonderen Impuls zur Entstehung des Osterglaubens wird man nicht finden, wenn man ihn nur zwischen Karfreitag und Ostern sucht. Die literarischen Quellen sagen darüber einfach nichts historisch Sicheres aus. Das gilt für die These: „Der entscheidende Anstoß, der alles ins Rollen brachte, war die Entdeckung des leeren Grabes."[51] Denn diese Überlieferung aus Mk 16,1–8 kann schwerlich historische Glaubwürdigkeit beanspruchen.[52] Das obige Urteil betrifft auch die Erklärung, wonach bei Petrus die Vision Jesu in einer un-

---

[49] S. *Vollenweider*, Ostern 41.
[50] A.a.O. 41 f.
[51] H. v. *Campenhausen*, Ablauf 50.
[52] Die Gründe dafür sind bei S. *Vollenweider*, Ostern 36 f. knapp zusammengestellt im Anschluß an die überzeugende Argumentation bei A. *Vögtle/R. Pesch*, Osterglauben 85–98, und I. *Broer*, Der Herr 52–54; im übrigen neuerdings G. *Lüdemann*, Auferstehung Jesu 141–153.

auflösbaren Beziehung zur Verleugnung Jesu stehe und die durch die Verleugnung ausgelösten Schuldgefühle die Trauerarbeit des Petrus behindert habe, so daß die Trauer des Petrus in einem visionären Epiphaniemoment zusammengedrängt wurde.[53] Doch sind solche Überlegungen allein auf Erzähltexte gestützt (Mk 14–16), die aufgrund ihrer besonderen narrativen Gestalt keinen Rückschluß auf die psychische Verfassung des historischen Petrus zulassen. Im übrigen wird man sich bei der Frage nach der Entstehung des Osterglaubens nicht auf die Person des Petrus beschränken dürfen, auch wenn er der erste Zeuge der „Erscheinungen" gewesen ist (1 Kor 15,5). Die Überwindung der Problematik des Todes Jesu ist eben kein isoliertes Problem des Petrus, sondern aller Jünger des Zwölferkreises, auch wenn die Tatsache der Verleugnung die Problematik bei Petrus persönlich verschärft haben wird.

Dabei mag die Annahme akzeptabel sein, daß aus Lk 22,31 f. und 24,34 „ganz deutlich die Tatsache durchschimmert, daß Petrus zuerst den Auferstandenen geschaut hat und dadurch der Begründer des Evangeliums geworden ist."[54] Zu weitgehend ist allerdings die mit Lk 22,31 f. begründete Schlußfolgerung, „daß die Überwindung der durch die Passion ausgelösten Krise bei allen außer Petrus davon Betroffenen nicht auf eigene Widerfahrnisse, sondern auf die Verkündigung des Petrus zurückgeführt wird."[55] Die Nähe von Lk 22,31 f. zur ursprünglichen Ostertradition ist damit völlig überbewertet. Wenn Lk 22,31 f. überhaupt einen Reflex der Ostertradition darstellt – ein Hinweis auf die Erscheinungen fehlt völlig –, so spiegelt das Wort Sonderüberlieferungen wider, die von der Beauftragung des Petrus mit der Gemeindeleitung handeln (vgl. Mt 16,17 ff.).

Es ist zu bezweifeln, daß aus der Überlieferung der Ersterscheinung vor Petrus in aller Einseitigkeit („erschienen dem Kephas, dann den Zwölfen", 1 Kor 15,5) zu folgern sei, daß nur bei Petrus eine „originale" Offenbarung vorliege[56], so daß die Beschränkung allein auf die grundlegende Erfahrung des Petrus sich ergibt: „Petrus hatte sich an Jesus durch die Verleugnung vergangen bzw. versündigt. Aber unter dem Eindruck von Jesu Verkündigung und Tod bezog Petrus durch eine Erscheinung des ‚Auferstandenen' das im Wirken Jesu präsente Vergebenswort Gottes noch einmal und diesmal in seiner tiefgründigen Klarheit auf sich."[57] Diese radikal individualistische Deutung zieht überhaupt nicht die Möglichkeit in Betracht, daß Petrus nach dem Tode Jesu mit den anderen Jüngern zusammen war und eine gemeinsame Reflexion über den Tod Jesu stattgefunden hat. Die Rückkehr nach Galiläa dürfte, wenn man angesichts der Zurückhaltung der Quellen überhaupt eine Vermutung wagen kann, ein gemeinsamer Zug gewesen sein, der vielleicht unter Führung des Petrus geschehen ist (vgl. Mk 16,7, das die Jünger und Petrus zusam-

---

[53] G. *Lüdemann*, Auferstehung Jesu 126–128; ähnlich vorher schon E. *Hirsch*, Osterglaube 42: Mutterboden des Osterglaubens und der Ostervisionen sei das Schuldbewußtsein des Petrus; unter dem Druck und Widerspruch seines Schuldgefühls habe er das „Dennoch" des Glaubens geboren.
[54] J. *Wellhausen*, LkEv z. St.
[55] G. *Klein*, Berufung 28 f.
[56] G. *Lüdemann*, Auferstehung Jesu 124.
[57] A.a.O. 125.

men sieht)[58]. Es hat wenig Sinn, mit der Beschränkung auf die spezielle Erfahrung des Petrus (Verleugnung Jesu – Vergebung in der Erscheinung des „Auferstandenen") den Ausgang der Krisenerfahrung des Todes Jesu deuten zu wollen. Diese ist ein gemeinsames Erlebnis der Jünger Jesu, wie auch die Botschaft Jesu von der Gottesherrschaft, die der Schlüssel zur Erklärung der Entstehung des Osterglaubens sein wird, sie gemeinsam betraf, wenngleich der Ruf in die Nachfolge jeweils individuelle Züge gehabt haben wird.[59]

Noch stärker ist das Verfahren in Frage zu stellen, den Osterglauben allein aus der Protophanie des Simon Petrus zu erklären, wenn die Annahme seiner Protophanie sich nur der Überlieferungstendenz urchristlicher Quellen verdanken würde, die die Sondertradition über Erscheinungen vor Frauen zurückgedrängt hat, in Sonderheit die einer Einzelerscheinung vor Maria Magdalena (Joh 20,11–18; Mt 28,9 f.), weil Frauen nach jüdischer Vorstellung keine glaubwürdigen Zeugen darstellen. Das Problem ist kaum sicher zu lösen. Immerhin ist die These mindestens diskutabel: „Es ist wahrscheinlicher, daß eine ursprüngliche Tradition von einer Protophanie vor Maria Magdalena unterdrückt wurde, als daß sie erst nachträglich entstanden wäre."[60] Wäre Maria Magdalena erste Erscheinungszeugin, so würde jene auffällige Entsprechung von Belang sein, daß gerade die Frau, die in besonderer Weise den Heilsgewinn der Gottesherrschaft körperlich erfahren hat, weil Jesus sie von einer sehr schweren Form von „Besessenheit" exorzistisch befreit hat (Lk 8,2) – daß speziell sie trotz des Todes Jesu das Vertrauen in die Macht der anbrechenden Gottesherrschaft durchgehalten hat.

Eine andere gängige Möglichkeit, den Anstoß zum Osterglauben zu bestimmen, ist keine historische mehr, sondern muß einen übernatürlichen, göttlichen Eingriff annehmen: Theologische Betrachtung muß daran festhalten, daß es bei den Erlebnissen der Jünger um ein außergewöhnliches Handeln Gottes geht[61].

Will man aber die historische Rückfrage nicht aufgeben, so ist nicht einseitig nach einem Ereignis zu suchen, das zwischen der Passion Jesu einerseits und Ostern andererseits den Umschwung der Stimmung unter den Jüngern bewirkt haben soll, weil dieses Geschehen im einzelnen historisch nicht zu verifizieren ist. Das hier bestehende Dilemma verrät

---

[58] Vgl. die Überlegungen bei *H. v. Campenhausen*, Ablauf 48 f.
[59] Die allein entscheidende Bedeutung der Protophanie des Petrus läßt sich auch nicht durch Lk 5,1–11 bzw. Joh 21,1–14 begründen. Denn Lk 5,1 ff. ist keine ursprüngliche Ostergeschichte (*F. Bovon*, LkEv 234). Als entscheidendes Argument hat dabei folgende Überlegung zu gelten: „Die alte These, Lk 5,1–11 sei eine ins Leben des Irdischen zurückprojizierte Osterlegende, die immer mit Joh 21 begründet wurde, hat … in Joh 21 nur vordergründig einen Anhalt. Bei näherem Zusehen zeigt 21,1 ff. etwas anderes: die Fischfangtradition wurde sekundär einer Osterlegende einverleibt." (*J. Becker*, JohEv 763). Nur in Lk 5,1 ff. ist die Vorrangstellung von Petrus fest verankert, während die österliche Wiedererkennungslegende des Mahlwunders an den Jüngern als Einheit orientiert ist.
[60] *G. Theißen/A. Merz*, Jesus 435; vgl. schon *M. Hengel*, Maria Magdalena 243–256.
[61] So z.B. *H. Graß*, Ostergeschehen 243–249; ähnlich *G. Lohfink*, Ablauf 155–157.

das folgende Zitat auf vorzügliche Weise: Die Jünger „flohen und gaben Jesu Sache verloren. Es muß also etwas eingetreten sein, was binnen kurzem nicht nur einen völligen Umschwung ihrer Stimmung hervorrief, sondern sie auch zu neuer Aktivität und zur Gründung der Gemeinde befähigte. Dieses ‚Etwas' ist der historische Kern des Osterglaubens."[62] Die geläufige Annahme eines „völligen Umschwungs" könnte aber eine historische Legende sein, die die Diskontinuität auf Kosten der Kontinuität einseitig betont. Gegen eine solche Position sprechen jene alten partizipialen Gottesaussagen über die Auferweckung Jesu, die gerade von einer Kontinuität göttlichen Handelns ausgehen, wenn sie implizit von der Überzeugung einer österlichen Rehabilitation Jesu als des Propheten der Gottesherrschaft geprägt sind. Was in diesem nachösterlichen Deutungsmodell als Kontinuität erscheint, muß allerdings hinsichtlich der historischen Ereignisfolge nicht ebenso kontinuierlich gewesen sein. Doch ist der Frage nach der Möglichkeit historischer Kontinuität stärker nachzugehen, die die Suche nach dem besonderen, ja außergewöhnlichen Anstoß zwischen Passion und Ostern ersetzt.

Die liberale Theologie des 19. Jahrhunderts hatte es da leichter. Sie sah die Basis des Osterglaubens im überwältigenden Eindruck der Persönlichkeit Jesu auf die Jünger, d.h. in deren Glauben an die Messianität Jesu. D. F. Strauß, der Begründer der subjektiven Visionshypothese, veranschaulicht sich „die Lage und Stimmung der Jünger Jesu nach seinem Tod"[63]. Jesus hatte „während seines mehrjährigen Zusammenseins mit ihnen immer mehr und entschiedener den Eindruck des Messias auf sie gemacht." Zwar hatte der Tod diesen Eindruck „für den Augenblick wieder vernichtet."[64] Doch begann nach dem ersten Schrecken „der frühere Eindruck" sich wieder zu regen. Auf diese Weise „entstand in ihnen von selbst das psychologische Bedürfnis, den Widerspruch der letzten Schicksale Jesu mit ihrer früheren Ansicht von ihm aufzulösen, in ihren Begriff vom Messias das Merkmal des Leidens und Todes mitaufzunehmen"[65]. Alttestamentliche Schriftstellen wie Jes 53; Ps 22 oder Ps 16 halfen ihnen, Schmach, Leid und Tod in ihre Messiasidee zu integrieren. Angeregt durch alttestamentliche Aussagen, die den Leidenden Rettung vom Tode und ein langes Leben verheißen, konnten die Jünger schließlich ihre ursprüngliche Vorstellung von einem ewigen Bleiben des Messias „durch Vermittlung des Gedankens einer wirklichen Wiederbelebung des Getödteten" wiederhergestellt haben. Insofern es für sie „messianisches Attribut

---

[62] *M. Dibelius*, Jesus 117f.
[63] Leben Jesu 658.
[64] A.a.O.
[65] A.a.O. 659.

war, einst die Todten leiblich zu erwecken", vermochten sie, „ihn (Jesus) gleichfalls in Form der ἀνάστασις in das Leben zurückkehren zu lassen".[66] Auf diese Weise konnten die Jünger die Überzeugung von Jesu Auferstehung „produciren"[67], wobei dieser ganze Reflexionsprozeß sich „bei Einzelnen, namentlich Frauen... bis zur wirklichen Vision" steigern konnte[68]. Diese ganze Rekonstruktion von Strauß mit ihrem Rückgriff auf das Messiasbewußtsein Jesu ist zwar am historischen Befund gescheitert, weil Jesus sich aller Wahrscheinlichkeit nach nicht als Messias verstand. Doch sollte der Tatbestand des Eindrucks Jesu auf seine Anhänger neu erörtert werden, möglicherweise mit einer sachgemäßeren Begrifflichkeit, die dem komplexen Phänomen von Jesu eschatologischem Wirken und deren Wirkung auf seine Anhänger allererst gerecht wird. Die Kritik, die P. Hoffmann an der in der liberalen Theologie beliebten Rede vom Eindruck Jesu geübt hat, ist ernstzunehmen und kreativ weiterzuführen. Er konzediert zwar eine gewisse Bedeutung der Rede vom Eindruck Jesu, „um eine Art historisches Substrat für die Möglichkeit visionärer Erfahrungen und den Osterglauben der Jünger zu gewinnen", sieht aber dadurch „weder das historische Phänomen ausreichend beschrieben", noch geklärt, „warum Ostern den Jüngern mehr bedeutete als ‚seine Sache geht weiter'."[69]

---

[66] A.a.O. 660.
[67] A.a.O. 658.
[68] A.a.O. 660.
[69] Einführung 11.

IV. Die grundlegende Bedeutung des Wirkens Jesu: die Erfahrung des „Überschusses" an Heilsgewinn angesichts der hereinbrechenden Gottesherrschaft

Wichtig ist zunächst das Ernstnehmen des „allgemeinen naheschatologischen Erwartungshorizont(es)", in dem Wirken und Wirkung Jesu allein zu begreifen sind – eine Grundbefindlichkeit, die schon aufgrund der politisch-sozialen Krisensituation in weiten Kreisen der damaligen jüdischen Gesellschaft verbreitet war[70]. Sie bestimmte das vielgestaltige Auftreten jüdischer Propheten, von denen der Historiker Josephus berichtet. Dieser Naherwartungshorizont kennzeichnet in bedrängender Weise Johannes den Täufer; er prägte auf andere Weise die Verkündigung Jesu und findet seine Fortsetzung in der frühesten Gemeinde nach Ostern, wenn sie in den Gebetsruf einstimmte: „Unser Herr, komm!" (1 Kor 16,22; Offb 22,20). Blickt man auf die Lage der Jünger nach Jesu Tod, so wird man in der Tat von einer elementaren Krise sprechen, ohne daß es zu einem Abbruch ihrer Naheschatologie kommen mußte. „Dies um so mehr, je größer die Hoffnungen waren, die er geweckt, je stärker der Eindruck seiner Person und seiner Botschaft sie in die Nachfolge an ihn gebunden, je intensiver die durch ihn vermittelte... Erfahrung des Gottes Israel sie erfaßt hatte."[71] Die Situation der Jünger nach Jesu Tod war durch den Zwiespalt zwischen dieser Negativerfahrung und dem vorangegangenen Neuheitserlebnis des Reiches Gottes und damit durch eine angefochtene, aber wohl noch andauernde eschatologische Hoffnung bestimmt. Letzteres ist schon deshalb in Rechnung zu stellen, weil sie in dem krisenhaften Milieu Palästinas lebten, in dem immer wieder naheschatologische Impulse aufbrachen, die zu einer übergreifenden Grundstimmung vieler Kreise führte. Es war dies eine Voraussetzung, „die, wie die Analogien aus der Religionsgeschichte zeigen, bei einer entsprechenden psychischen Disposition und in einem entsprechenden Milieu zu visionären Erfahrungen führen kann."[72] Es wird aber an der historischen Singularität von Jesu irdischem Wirken liegen, daß sein Tod nicht zur endgültigen Widerlegung seiner Botschaft wurde. Es geht um den *Überschuß* nicht nur an Hoffnung, die Jesus geweckt hatte, sondern um ein Mehr an Erfahrung erfüllter Realität, die er vermittelte, die seinen Tod überdauerte, ja kreativ überwand. „Man muß ja davon ausgehen, daß mit seinem Auftreten eine regelrechte ‚Neuheitserfahrung', ein in weiten Kreisen empfundenes, ganz

---

[70] P. *Hoffmann*, a.a.O. 14.
[71] P. *Hoffmann*, Glaube an die Auferweckung Jesu 250f.
[72] A.a.O. 251.

umfassendes Neuheitserlebnis verbunden war. Erfolg wie Mißerfolg Jesu lassen sich nur von daher begreifen."[73] Dabei ist nicht nur die *Verheißung* von Neuem gemeint, sondern die tatsächliche Realisierung desselben, das wie neuer Wein nicht in alte Schläuche paßt (Mk 2,22). Die Jünger konnten mit ihren Augen und Ohren sehen und hören, was die in der Gegenwart bereits anbrechende Herrschaft Gottes konkret bedeutete, was ansonsten lediglich Erwartungsinhalt früherer Generationen darstellte (Lk 10,23f. par Mt 13,16f.). Sicher hat auch Jesus mit dem Zweifel an seiner Botschaft zu kämpfen gehabt, wie schon die Seligpreisung derer verrät, die nicht an ihm und seinen Machttaten Anstoß nahmen, die von ihm als Phänomene der beginnenden Heilszeit proklamiert wurden, in der Defiziterfahrung dieser Welt oder angesichts des Widerspruchs der Gegner aber der völligen Eindeutigkeit noch entbehrten (Mt 11,5f. par Lk 7,22f.). Darin entspricht Jesus dem alttestamentlichen Propheten (Jes 43,19), der angesichts der Skepsis der exilierten Juden vorwurfsvoll fragt:

„Es sproßt ja schon, merkt ihr es denn nicht?"

Gleichwohl scheint in der tatsächlich vollzogenen Nachfolge der Jünger ein von ihnen praktizierter Bruch mit ihren bisherigen Lebensverhältnissen vorzuliegen, der nur als grundsätzliches Ja zu Jesu Verkündigung zu deuten ist, das die von ihm proklamierte neue Zeit in eine neue Form zu leben umsetzte. Im Vollzug dieser Jüngernachfolge kommt jener *Überschuß* an neuer Erfahrung als Reaktion zur Wirkung.

In sprachlicher Klarheit drückt sich jener *Überschuß*, der Jesu Sendungsbewußtsein prägt, dort aus, wo Jesus sein Verhältnis zu Johannes dem Täufer artikuliert. Einerseits bezeichnet er Johannes sogar „mehr" als einen Propheten (Mt 11,9), ja den Größten unter den bisher von Menschen Geborenen; andererseits ist der Kleinste in der Gottesherrschaft größer als er (Mt 11,11). „Jesus lebte im Bewußtsein, den Täufer zu überbieten. Und das, obwohl der Täufer für ihn schon eine kaum zu überbietende Gestalt war, kein Prophet, sondern mehr als ein Prophet (Mt 11,9)..."[74] Dieses „Mehr" gegenüber dem Täufer ist dabei nicht nur ein quantitatives Plus, sondern markiert einen grundsätzlichen Unterschied, den Jesus gegenüber der ganzen Vergangenheit Israels, allen seinen Königen und Propheten, sieht. Mit dem Anbruch der Gottesherrschaft, die Jesus proklamierte, ist die Schwelle zur eschatologischen Heilswende erreicht, so daß von Jesu Wirken der generelle Satz gilt: „Siehe, hier ist mehr als Salomo" – „Siehe, hier ist mehr als Jona." (Lk 11,31f.)

Das Proprium Jesu von Nazaret, jenes „Mehr" an Sendungsanspruch, wird zu Recht darin gesehen, daß er die Zeit seines Auftretens als begin-

---

[73] *F. Hahn*, Methodologische Überlegungen 44f.
[74] *G. Theißen/A. Merz*, Jesus 461.

nende eschatologische Heilszeit proklamierte, wobei die Gegenwart als Epoche der anbrechenden Gottesherrschaft sich von der ganzen geschichtlichen Vergangenheit abhebt. Dabei geht es nicht mehr um die seit jeher verborgene Herrschaft Gottes (etwa in der Schöpfung), die sich jetzt offenbart oder sichtbar wird (vgl. nur Dan 2,44), sondern die ursprünglich der Zukunft zugeordnete Gottesherrschaft (AssMos 10,1; TestDan 5,13) ist jetzt bereits „angekommen" (Lk 11,20) bzw. „genaht" (Mk 1,15b; vgl. Lk 10,9 par). Sie wird als dynamische Macht betrachtet, die sich in der Gegenwart bereits durchzusetzen beginnt.[75]

Auszugehen ist von der verbreiteten Erkenntnis, daß die Gottesherrschaft als bereits in Gang gekommenes Geschehen sich in dreifacher Weise den Menschen damals vermittelt hat:[76]

1. Jesu Wundertaten galten als Geschehensereignis bzw. Aufrichtung der Gottesherrschaft.
2. Jesu Verkündigung in Gleichnisreden begegnete als sprachliche Realisierung derselben.
3. Jesu Mahlgemeinschaften erschienen als Aufnahme von Sündern in die neue Heilswirklichkeit.

1. Dabei zeigt der erste Bereich in besonders eindrücklicher Weise, was als Charakteristikum Jesu zu verstehen ist. Jesu punktuelle Exorzismen, bei denen er Dämonen austrieb, galten ihm als geschehende Realisierung der Herrschaftsmacht Gottes: „Wenn ich mit dem Finger Gottes die Dämonen austreibe, ist die Gottesherrschaft zu euch gelangt." (Lk 11,20). Berücksichtigt man Jesu Visionsbericht vom Satanssturz (Lk 10,18), so verdichtet sich die Erkenntnis des eschatologischen Charakters seiner Wundertaten. Jesus interpretiert sein irdisches Wirken im Horizont der visionären Erfahrung vom endzeitlichen Sturz des Satans, den er als Anbruch der Herrschaft Gottes verstand.[77] Nach seiner Auffassung hatte Gott als der „Stärkere" den „Starken", den Satan, im himmlischen Kampf besiegt und aus seiner Machtposition vertrieben. Wenn also die Dämonen weichen, so war Jesus gewiß, daß die Macht des Satans endzeitlich gebrochen ist. Jesu Kampfwort gegenüber Bestreitern seiner Überzeugung verrät eben diesen Zusammenhang (Mk 3,27). Entscheidend ist nun die religionsgeschichtliche Einsicht: „Als apokalyptischer Wundercharismatiker steht Jesus singulär in der Religionsgeschichte. Er verbindet zwei geistige Welten, die vorher nie in dieser Weise verbunden worden sind: die apokalyptische Erwartung universaler Heilszukunft und die episodale Verwirk-

---

[75] Vgl. *J. Becker*, Jesus 144f.
[76] Vgl. nur *H. Merklein*, Jesu Botschaft 62–82; *J. Becker*, Jesus 176–233.
[77] *U. B. Müller*, Vision 416–448; *W. Zager*, Gottesherrschaft 312.

lichung gegenwärtigen Wunderheils."[78] Die Wunder werden zu Manifestationen der eschatologischen Wende[79]. Als Begründung für diese These seien hier nur zwei Aspekte genannt: Bei den ansonsten bekannten Exorzismen handelt es sich um exorzistische Künste aufgrund alter Tradition, die bestimmten magischen Praktiken folgten; Abraham und Daniel gelten als Dämonenaustreiber. Doch bestand kein sachlicher Zusammenhang zwischen den einzelnen Wundertaten und dem zukünftigen Ende der Welt. Die jüdischen Zeichenpropheten wie der samaritanische Prophet Theudas oder der Ägypter, der seine Anhänger zum Ölberg führte und versprach, daß die Mauern Jerusalems auf seinen Befehl hin zusammenbrechen würden, vollziehen diese Wunder nicht in der Gegenwart, sondern kündigen sie nur für die Zukunft an. Es bleibt wohl bei der Erkenntnis: „Nirgendwo sonst finden wir einen Wundercharismatiker, dessen Wundertaten das Ende einer alten und der Beginn einer neuen Welt sein sollen."[80] Auch bei den rabbinischen Wundercharismatikern, die durch Gebet heilen, fehlt jeder eschatologische Bezug, ganz zu schweigen von den hellenistischen Wunderberichten. Jesus von Nazaret hat es verstanden, sein besonderes Wundercharisma in das Zentrum seiner Botschaft zu integrieren. Er sah in seinen Exorzismen, die seinen jüdischen Zeitgenossen, besonders natürlich seinen Gegnern, nur als vereinzelte spektakuläre Machttaten erscheinen konnten, deren Ursprung und Legitimität zudem umstritten war (Mk 3,22), den Anbruch der Herrschaft Gottes und verband diesen Gedanken aller Wahrscheinlichkeit nach mit der Überzeugung, daß der Satan als Urheber des Dämonischen aus dem Himmel gestürzt ist (Lk 10,18), was nur als endzeitliches Ereignis denkbar war (vgl. AssMos 10,1).

2. Ein entsprechendes Ergebnis stellt sich ein im Blick auf Jesu Gleichnisreden. Auch sie sind als Geschehensereignisse der Gottesherrschaft zu würdigen. Sie sagen nicht primär etwas aus über die Gottesherrschaft, sondern sie verwickeln den Hörer unmittelbar in das Ereigniswerden derselben. Indem die Gleichnisse den Hörer mit seiner bisherigen Erfahrung in die von ihnen erzählte Welt hineinnehmen und ihn erzählerisch das Besondere, ja das Neue der erzählten Welt gewahr werden lassen, verschränken sie ihn mit dieser und eröffnen ihm unversehens Perspektiven, die bisher Gekanntes übersteigt. Das gilt einerseits für die sog. Parabeln, die einen interessierenden Einzelfall erzählen, der in der Extravaganz des Dargestellten das Alltagsübliche entlarvt: „In der verschrobenen Darstel-

---

[78] G. *Theißen*, Wundergeschichten 274; *ders./A. Merz*, Jesus 279.
[79] Den entscheidenden Grund zu dieser These hat schon *R. Otto*, Reich Gottes 32f.82f. gelegt.
[80] G. *Theißen/A. Merz*, Jesus 279.

lung des Vertrauten kommt eine neue Dimension des Seins zum Vorschein, die sich dem Geheiß des Faktischen entzieht."[81] Es ist der Realitätsgewinn der hereinbrechenden Gottesherrschaft, die sich dem Hörer im Medium der erzählten Welt allererst erschließt. Auch bei den Gleichnissen im engeren Sinne, die den Hörer z. B. in die vertraute Welt von Saat und Ernte hineinnehmen, geht es bei dem besonderen Arrangement des Erzählten darum, Aspekte des Neuen, der Gottesherrschaft nämlich, sichtbar zu machen. Wenn beim Gleichnis vom Senfkorn (Mk 4,30–32) oder dem vierfachen Acker (Mk 4,3–8) der Kontrast zwischen Anfang und Ende besondere Akzentuierung erfährt, dieser Kontrast gleichzeitig aber erzählerisch eng miteinander in Beziehung gesetzt wird, so kommt das Geschehen der Gottesherrschaft in der Weise zur Sprache, daß diese als dynamisches Prozeßgeschehen, dessen Vollendung gewiß ist, im Blick ist. Seien die Anfänge der Gottesherrschaft noch so unscheinbar wie das kleine Senfkorn oder der Saaterfolg beim Aussäen von wiederholtem Mißerfolg geprägt, so demonstriert doch die enge Verkoppelung von Anfang und großartigem Ende in der erzählten Welt des Gleichnisses, daß die Durchsetzung der Gottesherrschaft gewiß erscheint. Auch wenn im einzelnen umstritten ist, inwieweit die Gleichniseinleitung (Mk 4,30 par Lk 13,18) im genauen Wortlaut authentisch ist, so besteht doch allgemein kein Zweifel daran, daß der sachliche Bezug zur Gottesherrschaft ursprünglich ist: Mit dem naturnotwendigen Zusammenhang zwischen Senfkorn und Staude (ähnlich beim Gleichnis vom Sauerteig Lk 13,20 f.) „bildet Jesus die Gottesherrschaft ab, sofern dadurch der Geschehenszusammenhang zwischen der jetzt in Kleinheit anwesenden Gottesherrschaft und deren herrlichem Ende für den Hörer einsichtig wird."[82] Mit diesen Überlegungen ergibt sich ein doppeltes Ergebnis. Einmal zeigt sich in Jesu Verkündigung der Versuch, im sprachlich-metaphorischen Umgang mit einzelnen Vorgängen der natürlichen Erfahrungswelt den eschatologischen Geschehenszusammenhang der Gottesherrschaft zur Sprache zu bringen. Vor allem aber realisiert sich diese (wie bei den punktuellen Wundertaten) in der sprachlichen Vermittlung der einzelnen Gleichnisse gegenüber den Zuhörern. In der gelungenen sprachlichen Kommunikation verwirklicht sich eine eschatologisch bestimmte Verwandlung des Bewußtseins der Zuhörer.

3. Auch Jesu Mahlgemeinschaften haben als episodale Ereignisse eine übergreifende eschatologische Bedeutung. Sie sind nicht nur zeichenhafte Handlungen mit symbolischer Bedeutung und in der Integration von „Zöllnern" und „Sündern" bloße Vorwegnahme der kommenden Gottes-

---

[81] W. *Harnisch*, Gleichniserzählungen Jesu 307.
[82] H. *Weder*, Gleichnisse Jesu 132.

herrschaft[83]. Vielmehr sind die für Jesus typischen Gastmähler Ereignisse der in der Gegenwart sich realisierenden Herrschaft Gottes.[84] Nur deshalb können die fröhlichen Gastmähler Jesu gegenüber der Forderung des Fastens mit der rhetorischen Frage verteidigt werden: „Können etwa die Söhne des Brautgemachs (d.h. die Freunde des Bräutigams)... fasten?" (Mk 2,19). Fasten wäre angesichts der hochzeitlichen Festfreude, die Jesu Mahlzeiten charakterisiert, anachronistisch. Die Anziehungskraft, die diese Mahlgemeinschaften doch wohl besaßen – eine Faszination, die sich in der bereits mit typischen Zügen gezeichneten Mahlerzählung Mk 2,15–17 noch abzeichnet (vgl. auch Lk 19,1–10 bzw. Lk 15,1–3), ist einmal erklärlich aus der Hineinnahme notorischer Sünder, die religiösen Ausgrenzungstendenzen des frommen Judentums widersprach, andererseits aber gerade deshalb, weil Jesu Mahlzeiten Ausdruck der Festfreude waren, wie man sie für die Endzeit erwartete. Schon Jes 25,6 verhieß für den Beginn der Königsherrschaft Jahwes (Jes 24,23f.) ein Freudenmahl, das die Integration der Völker einschloß.[85] Zur Königsherrschaft Gottes gehört, daß die Elenden am Mahl teilhaben und satt werden (Ps 22,27.29). Gleichwohl stieß Jesu eschatologischer Anspruch auf Widerspruch; für seine frommen Gegner war er als „Freund der Zöllner und Sünder", als bloßer „Fresser und Weinsäufer" (Mt 11,19) diskreditiert. Es war eben alles andere als selbstverständlich, daß die für kritische Augen bloß punktuellen Ereignisse der Mahlgemeinschaften Ausdruck des endzeitlichen Herrschaftsantritts Gottes sein sollten. Gerade dies aber scheint zur Grundüberzeugung Jesu zu gehören, daß wie in seinen Wundertaten, die man als distanzierter Zuschauer ebenfalls auf vielfache Weise abtun konnte (vgl. nur Mk 3,21.22f.), auch in seinen demonstrativen Gastmählern nicht nur ein einzelnes, isoliert zu sehendes irdisches Geschehen sich vollzog, sondern der Anbruch der Königsherrschaft Gottes selbst. So ist auch am ehesten begreiflich, warum in den Parabeln Jesu gerade das Gastmahl Metapher für die erzählerische Vermittlung dessen ist, was die Gottesherrschaft ausmacht (Lk 14,16–24 par Mt 22,2–10).

---

[83] Vgl. *J. Gnilka*, Jesus 112.
[84] Vgl. dazu *B. Kollmann*, Ursprung 233–238.
[85] Vgl. besonders *H. Wildberger*, Jesaja 960–966; *E. Zenger*, Herrschaft Gottes 183f.

V. Mögliche Folgerungen für die Konzipierung des Osterglaubens

Es ist nun an der Zeit, den möglichen Ertrag dieser Überlegungen im Blick auf den Charakter des frühesten Osterglaubens zu erörtern. Dabei ergibt sich zunächst die grundsätzliche Überlegung. Was liberale Theologie einmal als unauslöschlichen Eindruck der sittlichen Persönlichkeit Jesu beschrieb, der letztlich zum Osterglauben der Jünger führte, ist sachgemäßer als Vertrauen in Gottes Allmacht zu bestimmen, der im Wirken des irdischen Jesus seine endgültige Herrschaft zu realisieren begann, was sich im „Überschuß" an bereits erlebter Heilserfahrung anzeigte. Konkret heißt das im Blick auf die spezifische Grundstruktur der Verkündigung Jesu: Wenn sich nahelegt, daß hinter dem österlichen Bekenntnis bzw. dem Lobpreis des Gottes, der Jesus von den Toten auferweckte, sich dieselbe Verbindung punktuellen Geschehens und dessen umfassender endzeitlicher Bedeutung findet wie in der Reich-Gottes-Botschaft Jesu selbst, so wird die Frage nach einer trotz der Erfahrung des Todes Jesu durchgehaltenen Kontinuität zwischen der Verkündigung Jesu und dem frühesten Osterglauben um so dringlicher. Anders ausgedrückt: Läßt sich eine Struktur der Auferweckungsvorstellung im Rahmen des Osterglaubens feststellen, die sowohl Züge einer individuellen und deshalb eher episodalen Erwartung über den Tod hinaus umfaßt wie auch Aspekte eines umfassenden eschatologischen Geschehens? Schon lange wird ja die Frage diskutiert, inwiefern die endzeitliche Auferweckung eines einzelnen als Vorwegnahme allgemeiner Totenauferstehung jüdisch denkbar sei. D. F. Strauß meinte, daß es „auf dem Standpunkte damaligen jüdischen Denkens keine Schwierigkeit" bereitet habe, zu meinen, daß die Auferweckung am Ende der Tage „im einzelnen Falle bei einem heiligen Manne ausnahmsweise auch früher erfolgt sein könne"[86]. Demgegenüber wird heutzutage betont: „Selbst wenn man annimmt, daß die gesamte urchristliche Gemeinde an eine endzeitliche Auferstehung der Toten geglaubt hat, ist es schwer verständlich, daß sie auf Grund dieser Anschauung auf den Gedanken kommen mußte, Jesus sei auferstanden. Aus der apokalyptisch jüdischen Erwartung ist das Ostergeschehen nicht direkt abzulesen. Man erhoffte zwar die Auferstehung der Frommen, aber die Vorstellung der eschatologischen Totenauferweckung eines einzelnen ist völlig singulär und aus der Tradition nicht zu erschließen."[87] An dieser Einschätzung hat

---

[86] Leben Jesu für das deutsche Volk bearbeitet 385.
[87] G. *Friedrich*, Auferweckung Jesu 335; zustimmend A. *Vögtle/R. Pesch*, Osterglauben 111 f.

auch jener Versuch nicht rütteln können, der mit einer jüdischen Überlieferung von Prophetengestalten (wie Elija und Henoch) operiert, deren Auftreten zu Martyrium und nachfolgender Auferstehung führt, welch letztere der Rechtfertigung des Propheten dient, nicht aber einen Teil der allgemeinen Totenauferstehung darstellt[88]. Denn in der vorliegenden Form ist diese religionsgeschichtliche Prämisse weder in der Weise wahrscheinlich zu machen, daß Jesu Jünger ihn als einen solchen „eschatologisch-prophetischen Gesalbten" verstanden haben, noch daß diese Vorstellung zur Zeit Jesu im Judentum in der beschriebenen Weise verbreitet gewesen ist.[89] Jedoch deutet dieser Versuch prinzipiell in die richtige Richtung. Es gab im Frühjudentum sicherlich die Hoffnung auf die endzeitliche Totenauferstehung der Gerechten. Es findet sich aber auch die spezielle Erwartung von der himmlischen Auferstehung von einzelnen Märtyrern unmittelbar nach ihrem Tod, die keine endzeitliche Bedeutung hat. Möglicherweise hat der Osterglaube beide Vorstellungen kombiniert und auf Jesus bezogen. Die Märtyrerüberzeugung „Auferstanden in den Himmel" hätte, auf den gekreuzigten Jesus angewandt, insofern jenem punktuellen Aspekt entsprochen, der schon im Blick auf die einzelnen Taten Jesu eine Rolle spielte, als die Auferweckung Jesu zunächst einmal die göttliche Rechtfertigung des getöteten Propheten der Gottesherrschaft bedeutet hat. Die jüdische Märtyrerkonzeption orientiert sich am Theodizeeproblem und dient in diesem Zusammenhang der Rechtfertigung und Rehabilitierung der um ihrer Toratreue willen Getöteten, ohne daß damit das Ende der Geschichte, das Eschaton, in den Blick kommt.[90] Der jüngste der sieben makkabäischen Märtyrerbrüder erklärt von den sechs bereits gestorbenen Brüdern: Nachdem sie die nur kurze Pein des Martyriums erlitten haben, sind sie *jetzt* schon ins immerwährende himmlische Leben geschritten (2 Makk 7,36).[91] Zwar hat dieser Auferstehungsgedanke modellhaften Charakter und dient als vorbildhafter Ansporn für den sich in seiner Toratreue bewährenden Frommen; ihm fehlt die völlige Singularität, die im Bekenntnis zur Auferweckung Jesu von den Toten als eschatologisches Endereignis vorausgesetzt ist. Gleichwohl hat diese Auferstehungshoffnung einen individualisierenden Zug, inso-

---

[88] Vgl. *R. Pesch*, Entstehung 222–226.
[89] *A. Vögtle/R. Pesch*, Osterglauben 83 f.
[90] *U. Kellermann*, Auferstanden, insbesondere 80 f. 90.
[91] Dabei ist diese Konzeption nur die Weiterentwicklung einer ursprünglich endzeitlichen Erwartung, wonach primär die getöteten Glaubenszeugen der Makkabäerzeit auferweckt werden (Dan 12,2 f.): „Die apokalyptische Erwartung einer irdischen Auferstehung der in den Endzeitwirren Umgekommenen wird zur postmortalen himmlischen Auferstehung der Märtyrer transformiert." (*Kellermann*, a.a.O. 81).

fern er einigen wenigen ausgezeichneten Gerechten gilt. Dieses frühjüdische Konzept, das eben an einer individuell-auszeichnenden Auferstehung orientiert ist, kann aber – und das ist in diesem Zusammenhang wichtig – verständlich machen, wie es darüber hinaus in umfassender Weise möglich wurde, „die Vorstellung der eschatologischen Totenauferweckung auf Jesus zu beziehen, da es die Möglichkeit der Individualisierung der allgemeinen Aussage unter bestimmten Bedingungen für jüdisches Denken generell aufzeigt."[92] Es lag wohl für die Jünger Jesu nahe, Jesu Todesgeschick zunächst im Lichte der individuellen Märtyrerthematik zu sehen (vgl. das Schicksal Johannes des Täufers), weil diese Deutung den Anstoß, den Jesu schmählicher Tod bereiten mußte, ansatzweise zu überwinden half. Eine ganz entsprechende Funktion konnte die Anwendung der verwandten Deutekategorie des leidenden, aber erhöhten Gerechten haben. Wenn sich Gott zu dem gewaltsam Getöteten bekannte, würde sein Kreuzestod nicht mehr als Erweis seines Scheiterns oder der Verwerfung durch Gott gelten. Beide Vorstellungen, die religionsgeschichtlich zu unterscheiden, gleichwohl aber inhaltlich verwandt sind, erscheinen in Weish 3,1–6 und 4,7–19 miteinander vermischt (s. u.). Das aber bedeutet: Jesu Todesgeschick, im Lichte von Aussagen wie Weish 3,1–6; 4,7–19 oder auch 2,12–20 gesehen, könnte eine erste Verstehensvoraussetzung abgegeben haben, „um den Glauben an ein Eingreifen Gottes zu artikulieren"[93]. Gerade das Letztere hätte es erleichtert – wie eben schon angedeutet –, die apokalyptische „Aussage von der endzeitlichen Auferstehung der Toten auf einen einzelnen" anzuwenden.[94] Dabei würde bei diesem Verstehensvorgang nur jene grundlegende Sichtweise eine Fortsetzung erfahren, die für Jesu eschatologische Deutung seiner punktuellen Handlungen (etwa seiner Exorzismen) Geltung hatte. Wie Jesus einzelne Taten als Geschehensereignisse der eschatologischen Gottesherrschaft begriff, so würden seine Jünger sein Todesgeschick als Märtyrer bzw. leidender Gerechter, dem eine individuell-auszeichnende Auferstehung bzw. himmlische Erhöhung winkt, als eschatologische Auferstehung von den Toten verstanden haben. Genau dies scheint ja auch der Sinn jener partizipialen Gottesprädikation zu sein, die wohl im gottesdienstlichen Lobpreis der frühesten Gemeinde ihren Sitz im Leben hat: Gott hat Jesus, den Propheten der Gottesherrschaft, der den Schmachtod am Kreuz gestorben ist, durch die Auferweckung von den Toten neu autorisiert, wobei diese Auferweckung nicht nur als vorbildhaftes Einzelereignis, sondern im Horizont apokalyptischer Totenauf-

---

[92] P. Hoffmann, Auferstehung 487.
[93] A. Vögtle/R. Pesch, Osterglauben 113.
[94] H. Merklein, Auferweckung Jesu 223.

erstehung Bedeutung hatte[95]. Denn die partizipiale Gottesprädikation besagt einmal die Bestätigung von etwas Vergangenem, die in der Auferweckung zum Ausdruck kommende Rechtfertigung des am Kreuz hingerichteten Propheten, dazu gehört dann der umfassende eschatologische Aspekt: die Auferweckung Jesu als Einleitung der Endereignisse.[96]

Der bisher versuchsweise herausgestellte Zusammenhang zwischen der Eigentümlichkeit Jesu, einzelne partikulare Geschehnisse als Realisierung der eschatologischen Wende zu begreifen, und der Besonderheit der österlichen Verkündigung, die in vergleichbarer Art die an sich individuelle Überwindung des Todes (als Märtyrer bzw. leidender Gerechter) Jesu als Beginn endzeitlicher Totenauferstehung verstand, bedarf noch der ausführlichen Begründung. Besonders sind jene Texte zu befragen, die als authentische Jesuszeugnisse an das Ende seiner irdischen Wirksamkeit führen, ja bereits seinen möglichen Tod in den Kontext seiner eschatologischen Botschaft stellen. Jesu Todesankündigungen, wenn sie denn sich als solche erweisen sollten, dürften ja nicht ohne Belang für die Jünger und ihre Interpretation des Todes Jesu gewesen sein. Diese Annahme gilt in besonderer Hinsicht gerade dann, wenn Jesu Voraussagen, die seinen Tod möglicherweise implizieren, von jenem *Überschuß*charakter seiner Reich-Gottes-Verkündigung geprägt sind, der ein entscheidendes Charakteristikum seines Wirkens darstellt. Wenn jenes grundsätzliche „Mehr" an Gewißheit Jesu in Gottes eschatologisches Eingreifen schon in der Gegenwart auch Jesu Aussagen über seinen möglichen Tod bestimmten, so wird – so ist zu vermuten – dies nicht ohne nachhaltige Wirkung auf die Jünger gewesen sein. Es geht um jenen „bergeversetzenden Glauben" in die Allmacht Gottes[97], zu dem Jesus ursprünglich wohl im Zusammenhang der Wundertaten ermunterte, der nur im Vergleich zur Größe des Wunders klein ist wie ein Senfkorn (Mt 17,20; Mk 11,22 f.), der auch den Tod Jesu nicht als Infragestellung der Botschaft vom Anbruch der Herrschaft Gottes werten mußte. Es besteht wohl eine nicht zufällige sprachliche Entsprechung in Jesu Rede

---

[95] *J. Becker*, Gottesbild Jesu 39 f., lehnt eine Einordnung der Formel in den Zusammenhang genereller Totenauferweckung ab, um „eine vorschnelle Zuweisung an ein bestimmtes christologisches Konzept" (vgl. 1 Kor 15,20) zu vermeiden. Doch legt die Nähe der partizipialen Gottesprädikation zu jüdischen Prädikationen (2. Benediktion des Achtzehnbittengebets) die Deutung im Sinne der umfassenden Totenauferstehung nahe. So auch *P. Hoffmann*, Auferstehung 486. Im übrigen ist dies die vorherrschende Meinung der Forschung.
[96] Siehe oben S. 12 f.
[97] Vgl. dazu *F. Hahn*, Jesu Wort 149–169.

vom Geschehensereignis der Gottesherrschaft, die in ihrem unscheinbaren Anfang klein ist wie ein Senfkorn (Mk 4,30–32; Lk 13,18f.), sich aber mit Gewißheit wie die große Senfstaude entfaltet und mit Macht vollenden wird, und jener Aufforderung zum Glauben wie ein Senfkorn, der im Vertrauen auf die Macht Gottes scheinbar Unmögliches erwartet und deshalb „bergeversetzenden" Charakter annimmt.

Mit den (verhüllten) Todesaussagen Jesu, von denen noch zu sprechen ist, steht auch die Bedeutung Jerusalems als Zentrum Israels im Blickpunkt des Interesses. Zu erörtern ist also zunächst, inwieweit Jesu Basileia-Botschaft Jerusalem von vornherein berücksichtigt, inwieweit ferner Jesu Zug nach Jerusalem, der zu seinem Tod führt, im Gefälle seiner ureigenen Verkündigung liegt. Oben wurde bereits angedeutet: Jesus verstand den Sturz des Satans aus dem Himmel, den er visionär schaute (Lk 10,18), als Anbruch der Gottesherrschaft. Dabei hat der Sturz des Satans als Vollzug eschatologischen Gerichtsgeschehens zu gelten, dem die positive Aussage in Lk 11,20 als eschatologische Heilsaussage korrespondiert. Jesu Dämonenaustreibungen realisieren Gottes Herrschaftsantritt in Israel. Zu beachten ist dabei, daß Jesus bei seiner Verkündigung der Königsherrschaft Gottes in der Tat sehr konkrete, auch räumliche Vorstellungen gehabt haben wird. Ist Mk 9,43.45.47 auf ihn zurückzuführen, so hat er die dort angedrohte Gehenna als Feuerhölle sich vorgestellt, die dem traditionellen Gerichtsort, dem Hinnom-Tal bei Jerusalem, entspricht, andererseits das Reich Gottes als positives Pendant auf Israel bezogen, ohne die weltweite Durchsetzung der Herrschaft Gottes auszuschließen[98]. Mit der Konzentration auf Israel würde auch Jerusalem als dessen Zentrum besonderes Gewicht bekommen. In diesem Zusammenhang legt sich folgender Schluß nahe: „Von seiner Auffassung der Basileia her ist es nur folgerichtig, wenn Jesus mit seinen Jüngern nach Jerusalem zog, um auch und gerade hier den Anbruch der Gottesherrschaft anzusagen. Denn an diesem Ort sollte sich ja in Kürze der machtvolle Hereinbruch der Gottesherrschaft ereignen…"[99] Ob man sogar annehmen darf, Jesus habe bei seinem Zug nach Jerusalem bewußt die Entscheidung gesucht, er habe versucht, in der mit Israels Heilsgeschichte besonders verknüpften Stadt das Volk die Botschaft vom Reiche Gottes hören zu lassen „und in letzter Stunde zur Entscheidung zu rufen"[100], soll dahingestellt bleiben; alles dies scheint möglich zu sein, muß aber angesichts der

---

[98] Vgl. *W. Zager*, Gottesherrschaft 219f., besonders Anm. 251.
[99] A.a.O. 313.
[100] *E. Gräßer*, Naherwartung 95 im Anschluß an *G. Bornkamm*, Jesus 142f.

spröden Quellenlage unsicher bleiben. Aussagekräftiger sind mögliche Todesankündigungen Jesu, die Anspruch auf Authentizität haben: Lk 13,31f.; 12,49f.; Mk 14,25.[101]

---

[101] Von diesen Ankündigungen, die die Annahme nahelegen, daß Jesus seinen erwarteten Tod nicht als Infragestellung seiner Botschaft verstanden hat (Mk 14,25), ist die nicht beantwortbare Frage zu unterscheiden, ob Jesus in der eigentlichen Todesstunde seinen Tod mit Gottvertrauen bestanden hat: „Ob oder wie Jesus in ihm einen Sinn gefunden hat, können wir nicht wissen. Die Möglichkeit, daß er zusammengebrochen ist, darf man sich nicht verschleiern." R. *Bultmann*, Verhältnis 453.

VI. Jesu (verhüllte) Todes- bzw. Vollendungsankündigungen und ihre Bedeutung angesichts der Krisenerfahrung des Todes Jesu

1. Das biographische Stück Lk 13,31f. setzt noch galiläische Verhältnisse voraus, wenn Jesus, von den Pharisäern vor seinem Landesherrn Herodes Antipas gewarnt, eine Antwort gibt, die seine galiläische Wirksamkeit zusammenfassend umschreibt (V. 32). Während sich V. 33 als redaktionell angehängtes Logion erweist, ist V. 31f. in sich einheitlich, weil nicht begreiflich wäre, wie aus dem Logion V. 32b die vorangehende Szene V. 31.32a herausgesponnen sein sollte[102], denn V. 32 setzt eine szenische Einführung voraus, damit klargestellt ist, wer mit dem Fuchs gemeint ist[103]. Die Botschaft an den Landesfürsten ist zweigeteilt:

a) „Siehe, ich treibe Dämonen aus
und vollbringe Heilungen heute und morgen.
b) Aber am dritten Tag werde ich vollendet."

Dabei spricht für historische Authentizität[104] einmal, daß es unmöglich erscheint, einen plausiblen, nachösterlichen Sitz im Leben für Lk 13,31f. zu ermitteln, zum anderen, daß die Nachstellungen des Herodes Antipas gegenüber Jesus schon deshalb glaubhaft sind, weil es derselbe ist, der schon den Täufer hinrichten ließ. Die herausragende Erwähnung der Dämonenaustreibungen zu Beginn der Antwort als Charakterisierung von Jesu Wirksamkeit paßt zu Lk 11,20 und spricht für Ursprünglichkeit.

Doch was ist der Inhalt der Zukunftsankündigung Jesu? Gerade wenn man zu Recht den Unterschied von Lk 13,31f. gegenüber den detaillierten nachösterlichen Leidens- und Auferstehungsankündigungen (Mk 8,31; 9,31; 10,32–34) herausstellt, wird sichtbar, daß Lk 13,31f. das Ende der irdischen Wirksamkeit Jesu nur andeutend im Blick hat und folgende Deutung der Textintention entspricht[105]: Jesus weise darauf hin, daß die sich durchsetzende Gottesherrschaft eigenen Regeln folge und sich nicht nach den Wünschen des Landesfürsten richte: „Siehe, ich treibe Dämonen aus und vollbringe Heilungen heute und morgen." Deshalb – so der Sinn des Textes – wird auch über einen eventuellen Tod nicht von Herodes entschieden. Die Aussage setzt wohl die Kenntnis darüber voraus, wie derselbe Herodes mit Johannes dem Täufer verfuhr. Zu klären ist nur noch

---

[102] R. Bultmann, Geschichte 35.
[103] J. Becker, Jesus 416.
[104] So überzeugend B. Kollmann, Jesus 188.
[105] J. Becker, Jesus 416.

der genauere Sinn des antithetisch gesetzten Schlußsatzes: „... aber am dritten Tag werde ich vollendet." Zunächst gilt es zu beachten: Gerade wenn man die offensichtliche Antithetik des Schlußsatzes ernstnimmt, ist es nicht ausschlaggebend, ob man das Verbum τελειοῦμαι medial mit „ans Ziel kommen" oder – wahrscheinlicher – semitischer Redeweise entsprechend als Passivum divinum interpretiert; in jedem Fall drängt sich eine positive Ankündigung über die „Vollendung" des Wirkens Jesu auf, die im Kontrast zu den Tötungsabsichten des Herodes steht. Der fragliche Satz ist wohl eine uneingeschränkte Vollendungsankündigung. Dafür spricht schon die sog. „Drei-Tage-Wendung", die im AT eine kurze Frist („in Kürze") meint, innerhalb derer eine grundlegende Wende eintritt, hier jedenfalls keinen Bezug zur Osterüberlieferung hat[106]. Besonders aber hat man im Horizont von Lk 11,20, wonach Jesu Dämonenaustreibungen „mit dem Finger Gottes", d. h. mit seiner befreienden Macht (Ex 8,15; Ps 8,4), den Anbruch der Gottesherrschaft markieren, ernsthaft zu erwägen, daß „bei τελειοῦμαι an die Beendigung der Wirksamkeit Jesu durch den universalen Durchbruch oder die Vollendung der Gottesherrschaft gedacht ist."[107] Gewiß ist Lk 13,32 zunächst einmal das Geschick der Person Jesu im Blick, nicht ausdrücklich die Gottesherrschaft, und die Konzentration auf das Schicksal Jesu könnte die Vollendung seiner Wirksamkeit so im Blick haben, daß diese unausgesprochen die Möglichkeit des Todes einschließt und durch den Märtyrertod hindurch seine Vollendung ins Auge faßt (vgl. die Bedeutung von τελεσθῇ in Lk 12,50). In der Tat scheint Lk 13,31 f. ursprünglich ein Wort zu sein, das den baldigen Triumph Jesu zum Ausdruck bringt, der sich in der in Kürze geschehenden Vollendung der Gottesherrschaft abzeichnet, und sei es durch den möglichen Tod hindurch. Erweisen sich diese Überlegungen als zutreffend, würde jener besondere Überschuß an heilvoller Wirklichkeitsvermittlung, jenes „Mehr", das alle bisherige Prophetie übersteigt (Lk 10,23 f.; 11,32), als Eigentümlichkeit von Jesu Sendungsbewußtsein erneut aufscheinen.

Es ergibt sich auch eine besondere Nähe zum Gleichnis von Saat und Ernte in Mk 4,3–8, das sich in der Schilderung des dreifach gestaffelten Mißerfolges der Aussaat bezeichnenderweise von anderen Saatgleichnissen unterscheidet (Mk 4,26–29; 4,30–32). In der erzählerischen Betonung

---

[106] *J. Jeremias*, Theologie 271 f. mit Verweis auf *J. B. Bauer*, Drei Tage 354–358. Der wichtigste Beleg ist Hos 6,2 bzw. Jona 2,1; vgl. auch *K. Lehmann*, Auferweckt 181–185 im Zusammenhang mit 262–290: er verweist auch bei Lk 13 auf „das heilgewährende Ereignis ‚am dritten Tag'", das sich ihm aufgrund einschlägiger Targum- und Midrasch-Stellen ergibt.
[107] So fragend *B. Kollmann*, Jesus 188, Anm. 60.

des dreifachen Mißerfolges reflektiert das Gleichnis wohl die Erfahrung stärkerer Ablehnung der Botschaft Jesu bzw. das sich wiederholende Ärgernis, dem Jesu Verkündigung ausgesetzt war (vgl. Mt 11,6 par). Wie Jesu Antwort an seinen Landesfürsten blickt dieses Gleichnis auf eine bereits längere Wirksamkeit Jesu zurück, die als Reaktion wiederholte Ablehnung (oder sogar Tötungsabsichten) einschloß. Beide Male aber endet der Text mit einem optimistischen Ausblick. Beim Saatgleichnis Mk 4,3–8 wird analog dem dreifach beschriebenen Mißerfolg bei der Aussaat der Ernteerfolg in einer Dreierreihe geschildert, wobei ein Kontrast zwischen den drei ersten Saatvorgängen und dem vierten besteht. „Erst durch die Trias am Ende des Gleichnisses wird die bedrohlich negative Geschichte von der Zerstörung der Saat aufgefangen, ausbalanciert und völlig ins Positive gewendet."[108] Dabei ist durchaus der Normalfall von Aussaat und Ernte im Blick, wenn von der Bedrohung in verschiedenen Phasen des Wachstums geredet wird: sofort nach der Aussaat – nach dem Aufkeimen – im weiteren Verlauf des Wachstumsprozesses. Die Pointe liegt in Mk 3,8: „Trotz aller Bedrohungen und aller Verluste gibt es auf dem Acker im ganzen reiche Frucht. Derjenige Teil der Aussaat, der auf gutem Boden heranreifte, bringt durch Bestockung so vielfältigen Ertrag, daß am Ende der Acker trotz allem reiche Ernte trägt."[109] Allerdings wäre es verfehlt, nur in V. 8 das Kommen der Gottesherrschaft ausgesagt zu finden. Liegt in Mk 4,3–8 ein Gottesreich-Gleichnis vor, so schildert nicht nur der reiche Ertrag das Kommen desselben, die Gottesherrschaft wird vielmehr mit dem gesamten Gleichnis vom Anfang bis zum Ende in Beziehung gebracht. Dazu gehört die Aussaat, dazu gehört auch „die Aktivität der Gegner und Opponenten"[110]. Gegenüber allem Zweifel und aller Skepsis angesichts von Ablehnung und Ärgernis (Mt 11,6 par) soll durch Verweis auf die übliche Erfahrung, die ein Sämann mit Aussaat und Ernteertrag macht, dem Zuhörer deutlich werden: Noch während die Opponenten das Werk Gottes bedrängen, wächst dieses zur vollen Ernte heran.[111] Allerdings nicht so, daß im Blick auf die intendierte Sachaussage ein allmählicher Entwicklungsprozeß gemeint ist. Vielmehr stellt die erzählerische Regie des Gleichnisses die übliche Erfahrung mit Aussaat und Ernte so dar, daß die Negativität der ersten drei Saatvorgänge sich nicht selbst allmählich ins Positive wandelt, vielmehr wirken diese in der Erzählung auf den Hörer wie eine Art Steigerung zum Negativen, so daß der posi-

---

[108] *G. Lohfink*, Gleichnis vom Sämann 100.
[109] A.a.O. 122.
[110] A.a.O. 124.
[111] Vgl. a.a.O. 124.

tive Schluß wie ein überraschender Umschlag zum Positiven erscheint[112]. Angesichts der Anfechtung aufgrund des Widerspruches, den die Botschaft von der Gottesherrschaft erleidet, will das Gleichnis vom Sämann Zuversicht vermitteln, daß das Reich Gottes sich trotzdem durchsetzt; sein Kommen erscheint nicht als allmählicher Prozeß, sondern als großartiger Umbruch der Vollendung durch Gott, der die Widerstände zunichte macht. Diese keineswegs selbstverständliche Botschaft wird deshalb dem Zuhörer mit einem Gleichnis nahegebracht, das den Vorteil hat, daß es die noch ausstehende Vollendung der Gottesherrschaft mit dem üblichen Gesamtvorgang von Aussaat und Ernte, der normalerweise zum reichen Ernteerfolg führt, so verschränkt, daß der Hörer einen Zugewinn an Hoffnung und Zuversicht in bezug auf die Gottesherrschaft erlebt.[113] Gerade das Gleichnis vom Sämann ist also von jenem Überschuß an neuem Wirklichkeitsbewußtsein bei Jesus geprägt, der bei den Hörern eine Realitätssicht auslösen will, die die Erfahrung der Negativität des Daseins zunichte macht. Intensiver noch als die anderen Saatgleichnisse stimuliert es die Überzeugung von der Übermacht der Gottesherrschaft, die sich allen Widrigkeiten zum Trotz in Bälde durchsetzt.

2. Einen anderen, zunächst düsteren Eindruck vermittelt das rätselhaft wirkende Doppelwort Lk 12,49f., insofern es den Gerichtsaspekt der Zeit der hereinbrechenden Gottesherrschaft thematisiert. Denn dieses wird feststehen: Mit seinem eigenen Wirken hat für Jesus nicht nur der sicherlich dominante Heilsaspekt der Königsherrschaft Gottes entscheidende Bedeutung gewonnen, sondern auch die der Realisierung derselben korrespondierende Gerichtsdimension, die entsprechend frühjüdischer Tradition die endgültige Vernichtung des Bösen beinhaltet (AssMos 10,1).[114] Der Vollzug des endzeitlichen Gerichtsgeschehens hat jedenfalls Satan und den Dämonen gegenüber schon eingesetzt. Von dieser Gerichtsperspektive handelt wohl auch Lk 12,49f.

---

[112] Der Vorgang des Wachstums bestimmt zwar die Gleichniserzählung, gleichzeitig aber auch den Kontrast zwischen den ersten drei Saatvorgängen und dem Schluß, so daß aufgrund des Kontrastes innerhalb des Gleichnisses der reiche Ertrag am Ende trotz der Schilderung eines üblichen Saatgeschickes ein deutliches Überraschungsmoment enthält. Das sieht auch *G. Lohfink*, Gleichnis vom Sämann 104f.: „Die Negativität der drei ersten Teile wandelt sich also keineswegs allmählich ins Positive, sondern die Teile 1–3 bereiten mit ihrer Steigerung, die möglicherweise sogar als Steigerung in der Negativität empfunden wurde, den Umschlag in den 4.Teil vor." Die erzählerische Raffinesse liegt eben darin, daß eine Normalerfahrung von Aussaat und Ernte so geschildert ist, daß der gute Ertrag erzählerisch nicht als das Selbstverständliche erscheint, sondern als überraschender Umschlag ins Positive.

[113] *J. Becker*, Jesus 91.

[114] Vgl. nur *M. Reiser*, Gerichtspredigt 311; *W. Zager*, Gottesherrschaft 311–316.

Der Spruch ist offensichtlich in formaler Parallelität gebaut und deshalb als Doppelspruch zu bezeichnen, besonders dann, wenn die zwei Fragepartikel τί in V. 49 und πῶς V. 50 bei Annahme einer semitischen Grundlage beide auf semitisches *mh* zurückgehen[115]:

> „Ein Feuer auf der Erde anzuzünden bin ich gekommen,
> und wie wünschte ich, daß es schon brenne!
> Eine Taufe habe ich, mit der getauft werden muß,
> und wie reißt es mich hin und her, bis sie vollendet ist."[116]

Es besteht kein Anlaß, beide Sätze auseinanderzureißen und als ursprünglich gesonderte Logien zu betrachten; denn auch der Inhalt bindet sie eng aneinander. V. 49 handelt von der Wirksamkeit Jesu, aber so, daß die Gefühle seiner Person zum Ausdruck kommen. In V. 50 geht es um das Todesgeschick Jesu, doch wiederum so, daß das Innere seiner Person artikuliert wird. Trotz aller Fragen, die das Doppelwort provozieren mag, ist an der Authentizität nicht zu zweifeln. „Zum einen hätte eine spätere Hand diese dunkle innere Qual Jesus schwerlich zuschreiben können. Zum anderen kann die Angst vor dem βάπτισμα – im Urchristentum immer als terminus technicus für die ‚Taufe' benutzt – unmöglich einen aktuellen Sitz im Leben in der frühen Kirche gehabt haben."[117]

Lk 12,49 umschreibt Jesu Sendungsauftrag („ich bin gekommen") von seiner negativen Seite her – im Blick auf seine Gerichtspredigt („Feuer" als Gerichtsterminus[118] wie bei Johannes dem Täufer Mt 3,10 par), wobei allerdings nicht nur die Drohung zukünftigen Gerichts gemeint ist, sondern ihr in der Gegenwart von Jesu Tätigkeit bereits anhebender Vollzug. „Feuer anzünden" hat dabei notwendig eine metaphorische Komponente, wie schon prophetische Texte aus dem AT sie enthalten: „... ich will meinen Grimm über dich ausgießen; das Feuer meiner Zornesglut will ich gegen dich entfachen..." (Ez 21,36). „...ich lege Feuer an Zoan und halte Gericht an No. Und ich gieße meinen Grimm aus über Sin... Und ich lege Feuer an Ägypten." (Ez 30,14–16). Gleichwohl steht diese Redeweise in 12,49 in unmittelbarer Beziehung zum eigentlichen Gebrauch, wie er bei der Vorstellung der Gehenna als negativem Pendant zum vollendeten

---

[115] So *P. Wolf*, Logien 128.136; ihm folgend *M. Sato*, Q 292. Die ursprüngliche Parallelität der beiden Sätze ist überzeugend schon bei *G. Delling*, Βάπτισμα βαπτισθῆναι 103–106 begründet.

[116] Zur Übersetzung und zu den Semitismen vgl. *J. Jeremias*, Gleichnisse Jesu 163f.

[117] *Sato*, a.a.O. 293; dort auch noch das folgende Argument gegen *R. Bultmann*, Geschichte 167, wonach 12,49 eine Rückschau auf die ganze Tätigkeit meine: „Es geht hier ... schwerlich um eine ‚Rückschau'...; es liegt vielmehr eine charismatische ‚Vorausschau' vor." Ähnlich *R. Otto*, Reich Gottes 311: „echtes prophetisches Vorgefühl".

[118] Vgl. Jes 30,27f.; 66,15f.; Joel 2,3; Obd 18; Mal 3,19.

Heilsbereich der Gottesherrschaft (Mk 9,43.45.47)[119] oder der Schilderung des Vernichtungsgerichts mit „Feuer und Schwefel" auftaucht (Lk 17,28f.).

Schwierig zu verstehen ist in Lk 12,49f. die deutliche Parallelisierung zwischen Jesu Gerichtsauftrag und seiner Verpflichtung, die „Todestaufe" zu akzeptieren. Wenn das Logion authentisch ist, liegt eine „charismatische Vorausschau" vor, die die Übernahme des Todes im Kontext des eigenen Sendungsauftrages sieht, der eben auch den Aspekt Gerichtsverkündigung umfaßt. Daß die hier erwähnte „Taufe" den Tod bedeutet, ist zwar ein ungewöhnlicher Sprachgebrauch, der aber in Mk 10,38f. seine Entsprechung hat, wo der Märtyrertod der Zebedaiden angekündigt wird.[120] Möglicherweise basiert die fragliche Metapher auf dem motivgeschichtlichen Hintergrund der Todeswasser, in die jemand eingetaucht wird, in denen er unterzugehen droht.[121] Aber auch im außerbiblischen Griechisch kann „untertauchen" heißen „in eine lebensgefährliche Situation bringen".[122] Wahrscheinlich zielt das Doppellogion darauf ab, daß Jesu Wirken das auch das endzeitliche Gericht umfassende eschatologische Geschehen entfacht, in das Jesus als Märtyrer mit seiner ganzen Person einbezogen ist – dies schon deshalb, weil seine Gottesreichverkündigung, die den Gerichtsgedanken gegen Israel impliziert („wenn ihr nicht umkehrt, werdet ihr alle umkommen" Lk 13,3.5), – die tödliche Feindschaft seiner Gegner provoziert. Authentische Prophetie Jesu liegt in Lk 12,49f. deshalb vor, weil eine spätere Hand „diese dunkle Qual", die jeweils in der zweiten Hälfte des Doppellogions erscheint, Jesus kaum zugeschrieben hätte.[123] Besonders aber drängt sich ein Vergleich mit der prophetischen Klage des Jeremia auf, der in den sog. Konfessionen an der Last seiner Prophetenaufgabe leidet (z.B. Jer 20,9).[124] Läßt sich die Authentizität von Lk 12,49f. demnach wahrscheinlich machen, ist das Doppelwort in einer späteren Zeit der Wirksamkeit Jesu anzusetzen, die

---

[119] Vgl. dazu *W. Zager*, Gottesherrschaft 313. Auch das Staubabschütteln der Sendboten der Gottesherrschaft, die Ablehnung erfahren, dürfte Ausdruck des anhebenden Vernichtungsgerichts sein, das schon in der Gegenwart Realität wird, falls Lk 10,8a.9–11a authentisch sind (a.a.O.).

[120] Mk 10,38f. sind christlicher Einschub des Evangelisten Markus, wobei die Terminologie aber bereits traditionell ist, *D. Lührmann*, MkEv 179f.

[121] Vgl. *G. Delling*, βάπτισμα βαπτισθῆναι 92–115 mit Verweis auf alttestamentliche Stellen wie 2 Sam 22,5; Ps 42,8; 69,2f.; Jes 43,2; 1QH 3,13–18.

[122] *A. Oepke*, βαπτίζω 529; ihm folgend *G. Friedrich*, Verkündigung des Todes Jesu 28f.; *Sato*, Q 293.

[123] So mit vielen anderen *W. G. Kümmel*, Verheißung 63; *G. Friedrich*, Verkündigung des Todes Jesu 28f.

[124] *Sato*, Q 293f.

von sich steigernder Ablehnung seines Tuns geprägt ist, ja die Notwendigkeit des eigenen Todes bereits als möglichen Teil seines Sendungsauftrages nahelegt. Ohne daß dies nachweisbar wäre, ließe sich an die Jerusalemer Tage denken. Entscheidend wichtig aber ist das Folgende: Auch wenn bei Jesus die prophetische Einsicht in die Unausweichlichkeit seines Todes die Klage provoziert, so deutet sich gleichzeitig die Möglichkeit oder gar Gewißheit der Vollendung an: „... wie reißt es mich hin und her, bis sie (die „Taufe") *vollendet* ist." Das Passivum divinum τελεσθῇ verweist auf Gott, der die Vollendung von Jesu Sendungsauftrag garantiert, der allerdings den drohenden Tod als Teil desselben einschließt.

3. In Lk 12,49f. steht durch die Orientierung an der Gerichtspredigt Jesu die dunkle Seite seines Geschickes im Blickpunkt, ohne daß der Aspekt des göttlichen Vollendungshandelns fehlt. In Mk 14,25 dagegen äußert sich erneut der heilvolle Überschußcharakter der Gottesreichverkündigung Jesu in ungebrochener Weise.[125] Das Wort dürfte ursprünglich selbständig tradiert sein, da die Verbindung mit Mk 14,22–24 wohl sekundär ist[126]. Angesichts der Parallele Lk 22,18 stellt sich die Frage nach der ursprünglichen Fassung des Logions. Da sich aber die Spezifika der lukanischen Variante primär aus redaktionellen Gestaltungstendenzen erklären lassen[127], ist die Beschränkung auf Mk 14,25 methodisch geboten: „Amen, ich sage euch: Nicht mehr werde ich vom Gewächs des Weinstocks trinken bis zu jenem Tag, an dem ich es neu trinken werde in der Gottesherrschaft." Es liegt wohl eine verhüllte Todesprophetie vor und zugleich eine Vollendungsansage. Dabei ist jedoch zu beachten, daß durch die stark betonte Verneinung (οὐκέτι οὐ μή) der Ton zunächst nicht auf der Vorhersage des künftigen Mahles liegt, „sondern darauf, daß Jesus nun nicht mehr trinken werde..."[128], d. h. nicht mehr teilnehmen werde an den bisher praktizierten Mahlgemeinschaften mit den Jüngern. Zwar weist das Wort (isoliert gesehen und ohne Kontextbezug zu Mk 14,22–24) nicht zwingend auf Jesu Tod hin, es beinhaltet im Nachsatz ja die Überzeugung, „daß sich der nächste Weingenuß Jesu bereits in der βασιλεία τοῦ θεοῦ vollziehen werde", deren Vollendung nahe bevorsteht.[129] Es

---

[125] Vgl. *L. Oberlinner*, Todeserwartung 130–134.
[126] *B. Kollmann*, Ursprung 188f.; ähnlich schon *R. Bultmann*, Geschichte 286. Die obige Sichtweise bestätigt jetzt *W. Zager*, Deutung des Todes Jesu 177: Das Logion Mk 14,25 schließt sich nahtlos an Mk 14,23 an. „Das legt den Schluß nahe, daß das ursprünglich einzige Kelchwort Mk 14,25 war."
[127] *B. Kollmann*, Ursprung 162–165.187; ähnlich auch schon *J. Blank*, Ausblick 138–142.
[128] *K. Berger*, Amen-Worte 55; so zu Recht auch *J. Blank*, Ausblick 139.
[129] *B. Kollmann*, Ursprung 188. Den Naherwartungshorizont arbeitet *E. Gräßer*, Naherwartung 114f., bes. Anm. 299, zu Recht heraus.

ließe sich auch denken: „Ihm (Jesus) war die Gefahr bewußt, eines gewaltsamen Todes zu sterben. Aber noch immer hoffte er, daß Gott eingreifen werde und vor seinem Tod die Gottesherrschaft beginnen und alles verändern werde."[130] Gleichwohl läßt die betonte Voranstellung der verneinenden Aussage, die ein Ende seines Weingenusses vorhersagt, an ein Aufhören der Mahlgemeinschaft mit den Jüngern denken[131], die die Möglichkeit des Todes impliziert; gleichzeitig aber taucht die Verheißung einer neuen Tischgemeinschaft auf, an der Jesus selbst in der vollendeten Gottesherrschaft wieder Anteil hat.[132] Diese Ansage, die das Freudenmahl der endgültigen Gottesherrschaft im Blick hat, läßt natürlich an jene andere Ankündigung Jesu denken, wonach von Osten und Westen Menschen kommen werden, um mit den Erzvätern Israels das eschatologische Festmahl zu feiern (Mt 8,11par). Schließt das Wort Mk 14,25 den Tod Jesu als ernsthafte Möglichkeit ein, so stellt sich im Horizont von Mt 8,11 die Frage: „Hat Jesus erhofft, daß er wie die einst gestorbenen Erzväter... trotz seines Todes am letzten Heilsmahl in der Gottesherrschaft teilnehmen kann?"[133] Rechnet man ernsthaft mit dieser Möglichkeit, bleibt freilich zunächst offen, wie Jesus sich die Überwindung seines möglichen Todes im Kontext der Durchsetzung der Gottesherrschaft vorgestellt hat. Doch läßt der Wortlaut von Mk 14,25 darüber zunächst nichts Sicheres erkennen, wohl auch deswegen, weil die näheren Modalitäten der Teilnahme am eschatologischen Festmahl an Bedeutung verlieren angesichts der überwältigenden Gewißheit über die Macht des Gottes, der seine Herrschaft in Bälde trotz aller Widerstände durchsetzen wird. In jedem Fall aber läßt die Aussage Mk 14,25 den Schluß zu, daß Jesus „seine eschatologische Rehabilitierung durch Gott erwartet hat, die ihren Ausdruck gerade in der Position, die ihm beim endzeitlichen Heilsmahl gegeben wird, findet."[134] Von besonderer Bedeutung wäre es natürlich, wenn Jesus seinem Tod sogar einen positiven Sinn abgewonnen hätte, indem er ihn beim Kelchwort des letzten Mahles als Sühnetod gedeutet hätte (Mk 14,24). Doch dürfte die Authentizität des Kelchwortes Mk 14,24 neben Mk 14,25 eher unwahrscheinlich sein. Während Mk 14,25 ganz im Einklang mit der sonstigen Basileia-Verkündigung Jesu steht, gibt es Dif-

---

[130] *G. Theißen/A. Merz*, Jesus 379.
[131] Gerade der Weingenuß war ein Charakteristikum der freudigen Mahlfeiern Jesu (vgl. die Gegneraussage Mt 11,19 par).
[132] Zwei Linien überschneiden sich „in seltener Dichte" in Mk 14,25: einmal die Thematik der Mahlhandlungen Jesu (z.B. Mk 2,15–17; Lk 15,1f.; 19,1–10) und „sein Umgang mit der eschatologischen Mahlmetaphorik" (z.B. Mt 8,11par; Mk 2,19; Lk 14,15–24par). (*H.-J. Klauck*, Herrenmahl 321).
[133] *J. Becker*, Jesus 419.
[134] *P. Hoffmann*, Jesus versus Menschensohn 198.

ferenzen beim Kelchwort: „Innerhalb der authentischen Jesusüberlieferung wird nie Gottes Vergeben an Jesu Lebenshingabe als Voraussetzung gebunden. Vielmehr eröffnete der historische Jesus in seinen Mahlgemeinschaften und in seiner Verkündigung den direkten Zugang zu Gottes Verzeihen und Barmherzigkeit…" Auch in der in die Abschiedssituation gehörenden Ankündigung Mk 14,25 spricht Jesus „von sich lediglich als Teilnehmer am endzeitlichen Heilsmahl."[135]

Eine besondere Frage ist freilich, wie die Jünger Jesu eine Heilsansage wie Mk 14,25 aufgefaßt und wie sie diese *nach* Jesu Kreuzestod interpretiert haben. Gerade Worte wie Lk 13,31 f. und Mk 14,25, die trotz des drohenden Todes Jesu den übermächtigen Heilscharakter von Jesu Gottesreichverkündigung zum Ausdruck bringen, konnten die Reflexion der Jünger nach Jesu Tod in besonderer Weise stimulieren, zumal der grundlegende Überschußcharakter der Erfahrung anbrechender Gottesherrschaft im Wirken Jesu in nachhaltiger Erinnerung bleiben mußte. Jesus hatte im Kontext der Wundertaten zum „bergeversetzenden Glauben" ermutigt, der Gott scheinbar Unmögliches zutraut (Mt 17,20; Mk 11,22 f.). Die Probe aufs Exempel stellte sich angesichts des Todes Jesu in unabweisbarer Weise. Einerseits drängte sich die Grundsatzfrage auf, ob alle Heilsverheißungen angesichts des Kreuzes hinfällig sind. Andererseits mußte man eine Antwort darauf suchen, auf welche Weise Gott die Teilnahme seines getöteten Propheten am eschatologischen Freudenmahl bewirken könnte, wenn denn Jesus doch der legitime Prophet der Gottesherrschaft gewesen war. Eine Lösung konnte sich in dem Falle als Überzeugung durchsetzen, wenn der Überschußcharakter der Gewißheit, daß mit dem Auftreten des irdischen Jesus die eschatologische Wende der Zeiten eingesetzt hat, so stark blieb, daß diese Zuversicht traditionelle frühjüdische Deutungsmuster im Blick auf den Tod Jesu aktivierte, die

---

[135] W. *Zager*, Deutung des Todes Jesu 179; für die Vereinbarkeit der Heilsverkündigung Jesu mit der Annahme seines Sühnetodes plädiert mit bemerkenswerten Argumenten H. *Merklein*, Jesu Botschaft 144: „Das eschatologische Handeln Gottes erweist sich … gerade im Tode seines Repräsentanten als *wirksames* Geschehen, indem Gott den Tod seines eschatologischen Boten zum Akt der Sühne werden läßt. Israel bleibt weiterhin Adressat und Objekt göttlichen Heilshandelns. Jesu Sühnetod begründet demnach kein neues Heil, das auch nur im entferntesten in Spannung steht zu jenem Heilsgeschehen, das Jesus seit Beginn seines Wirkens proklamiert und repräsentiert hat. Das Heil des Sühnetodes Jesu ist vielmehr integraler Bestandteil eben dieses Geschehens der Gottesherrschaft. Die Deutung des Todes Jesu im Sinne des Sühnetodes liegt daher so sehr in der Konsequenz seiner Botschaft, daß doch ernsthaft mit der Möglichkeit zu rechnen ist, daß diese Deutung auf Jesus selbst zurückgeht und daß er sie beim letzten Mahl vor seinen Jüngern auch ausgesprochen hat."; im übrigen auch *ders.*, „Wie hat Jesus seinen Tod verstanden?" 355–366.

den Tod positiv zu bewältigen halfen, so daß er nicht als totaler Widerspruch zum Glauben an die Übermacht der Gottesherrschaft erscheinen mochte. Sicher wird gerade angesichts des grundlegenden Neuheitserlebnisses der Gottesherrschaft, die man in den Dämonenaustreibungen und Mahlgemeinschaften unmittelbar als Realität erfuhr, die Differenzerfahrung des Todes Jesu die Gefahr totaler Depression impliziert haben – als Ausdruck der Enttäuschung, gleichwohl gehört es zum Kontingenzcharakter geschichtlicher Entwicklung, die historische Forschung nicht restlos aufklären kann, daß auch die gegenteilige Möglichkeit bestand. Die Jünger haben in der Tat jene andere Option gewählt, weil sie anscheinend immer noch ergriffen waren von der sich im Wirken des irdischen Jesus bereits realisierenden Herrschaftsmacht Gottes, der auch den Tod zu überwinden vermag. Ohne daß dieser Erkenntnisprozeß angesichts der Quellenlage historisch genau verifizierbar wäre, scheint eine „Kontingenzbewältigungsstrategie" gelungen zu sein, wonach die Krisenerfahrung der Jünger „nicht regressiv entspannt" wurde, sondern „in eine ganz außerordentliche Erfahrung" umgeschlagen ist, die „eine Bewußtseinserweiterung" bedeutet, „worin es zur Wahrnehmung einer sonst verborgenen Dimension der Wirklichkeit kommt".[136] Was nun in neuzeitlicher Perspektive als Produktion des menschlichen Bewußtseins gedacht wird, wie es im Rahmen der subjektiven Visionshypothese seit D. F. Strauß geschieht, begegnet in Schilderungen antiker Texte als Offenbarung. Anders ausgedrückt: Was im Kontext historischer Betrachtung nur als Reflexionsprozeß betroffener Menschen erklärt werden kann, der sich in visionären Kommunikationsformen verdichtet, beschreiben antike Berichte als plötzliches Epiphaniephänomen, das den Menschen geradezu „überfällt", ihn mit unwiderstehlicher Notwendigkeit ergreift (vgl. nur Am 3,8; Jer 20,7; 23,29).[137] Dabei hat man längst erkannt, daß bei der Entstehung

---

[136] S. *Vollenweider*, Ostern 42 f.
[137] Vgl. aber *Jörg Jeremias*, Anfänge 494 f., der schon für den Propheten Amos einen erheblichen Reflexionsanteil berücksichtigt: „Ein Prophet wie Amos ist etwas anderes als ein Trichter, in den Gott von oben sein Gotteswort gießt, das die Adressaten unverändert als verständliches Menschenwort erreicht. Amos ist am Gestalten des Gotteswortes mitbeteiligt. Er wehrt sich gegen Gottes Unheilspläne und tut dies zunächst erfolgreich wie andere (vor und) nach ihm." Für Jeremia gilt dies noch stärker: „Belegt ist, daß er Probleme mit dem Finden (d.h. des Gottesworts) hatte, denn das Suchen war seine Daueraufgabe. Er mußte schmerzlich erkennen, daß das Wort nicht jederzeit und jedermann verfügbar war (15,16; 28,11; 42,7)... Leider bleiben die Umstände des Suchens und Findens verborgen. Doch deutet einiges darauf hin, daß sich das Suchen und Finden auf dem Wege des Gebets vollzog (11 f.; 15; 17; 20; 37,3ff ...). Andere Medien der Offenbarung, Traum, Vision, waren ihm keineswegs fremd (1,11 ff.; 23,9; 24)." *K. Seybold*, Der Prophet Jeremia 173. Der entsprechende Sachverhalt

antiker Visionserfahrungen mit einem größeren Ausmaß an Reflexion zu rechnen ist. Vision als Widerfahrnis und Deutung derselben sind stärker zusammenzusehen als dies gemeinhin geschieht, so daß die Interpretation nicht von vornherein als zusätzlicher Vorgang erscheint, wie dies allerdings die literarisch gestaltete Abfolge von Vision und Deutung in antiken Berichten nahelegt. Die Entstehung von Visionen setzt ja bereits die Kenntnis traditioneller Deutungsmuster, das Denken in vorgegebenen Symbolsystemen, voraus: „Visionen arbeiten ja generell innerhalb eines traditionellen Symbolsystems und mutieren diese Elemente zu einer neuen Konfiguration."[138] Eine Deutung ist also am Zustandekommen einer visionären Kommunikation bereits mitbeteiligt, wenn auch weitere Reflexion die Erfahrung vertiefen oder neu interpretieren kann.[139]

Welches sind nun die vorgegebenen Deutungsmuster, die im Kontext der Ostererfahrungen eine entscheidende Rolle gespielt haben? Ein doppelter Gesichtspunkt hat sich bereits oben angedeutet:

a) Der aufgezeigte Überschußcharakter der Gottesreichverkündigung läßt an eine Lösung denken, die am Glauben an Gottes eschatologischen Herrschaftsantritt festhält und die dieser Konzeption innewohnende frühjüdische Möglichkeit, die Auferstehung der Toten als einen Aspekt der Realisierung von Gottes Herrschaft anzusehen (Jes 25,8; 26,19[?]; 4Q 521[?]; Dan 12,2; TestBenj 10,6–10), auf den getöteten Jesus anwandte. Lk 13,31f. und besonders Mk 14,25 könnten, gerade wenn man die zuletzt genannte (verhüllte) Todesankündigung im Lichte einer Erwartung wie TestBenj 10,6–10 bzw. TestJud 25 verstehend und interpretierend aufnahm, neue Hoffnung trotz des Todes Jesu stimuliert haben. Aufgrund der überwältigenden Macht der Gottesherrschaft würde Jesus wie die Erzväter am eschatologischen Freudenmahl teilnehmen, weil er wie sie der Auferstehung teilhaftig wird. Allerdings ist vor einer vorschnellen Schlußfolgerung in der angedeuteten Richtung Vorsicht geboten, weil die Vorwegnahme der endzeitlichen Auferstehung eines einzelnen im Judentum – über das bereits Gesagte hinaus – erst noch zu erörtern ist.[140]

b) Den angesichts des Todes Jesu verzweifelten Jüngern dürfte als erster naheliegender Assoziationshintergrund der Gedanke als Möglichkeit gekommen sein, daß Jesus als Märtyrer gestorben ist, dem nach jüdischer Denkweise die Auferstehung in den Himmel verheißen ist; entsprechende

---

läßt sich in der jüdischen Apokalyptik finden, vgl. zu 4 Esra die Ausführungen bei *H. Gunkel*, 4 Esra 314f.
[138] Die Ausführungen folgen der überzeugenden Analyse von *S. Vollenweider*, Ostern 43f. - Zitat S. 44.
[139] A.a.O. 44.
[140] Vgl. nur *A. Vögtle/R. Pesch*, Osterglauben 111f.

Bedeutung wird das ähnliche Verständnis seines Geschicks als das des leidenden, aber von Gott erhöhten Gerechten gehabt haben, zumal diese Tradition im Frühjudentum „geradezu Allgemeingut... war", in den verschiedenen jüdischen Gruppierungen je anders akzeptiert und realisiert wurde[141] und in der „Märtyrerüberlieferung des 2 Makk" sogar noch „eine deutliche Brücke zur Tradition vom leidenden Gerechten" schlug.[142] In jedem Fall wird den Jüngern das Geschick Johannes des Täufers vor Augen gestanden haben, der für manche Kreise wohl in der Tat als Märtyrer gestorben ist[143]. Märtyrerauffassung wird in Lk 12,49f. anklingen: Wenn dort nämlich von der „Todestaufe" die Rede ist, die Jesus im Rahmen seines Sendungsauftrags zu übernehmen hat, so ist in der Tat wohl sein Märtyrertod im Blick (vgl. Mk 10,38f.). Von daher konnte es sich für die Jünger zunächst nahelegen, Jesu grausames Schicksal im Sinne der jüdischen Märtyrervorstellung zu verstehen und so den Anstoß des Kreuzes im Rahmen dieses traditionellen Symbolsystems ansatzweise zu bewältigen, das, wie noch zu zeigen ist, die auszeichnende Auferstehung einzelner als Deutekategorie vorsah. Auf diese Deutekategorie ist im folgenden also einzugehen, weil bisherige Forschung diese Konzeption in ihrer Bedeutung für die Entstehung des Osterglaubens sehr stark relativiert hat. Berücksichtigt man die antiken Bedingungen für die Vision eines Verstorbenen, kann man – so wird gesagt – die Aussage der Auferstehung Jesu „nicht als nächstliegendes Interpretament einer solchen Vision begreifen"[144]. Besonders bestritten wurde das Gewicht der Märtyrerthematik: Der Märtyrer stirbt nur „als modellhafter Repräsentant der Gottesverehrung Israels"; im übrigen fehlt die Kombination mit Erscheinungsaussagen.[145] Es erscheint deshalb geboten, bei der Märtyrerthematik einzusetzen.

---

[141] *K. Th. Kleinknecht*, Der leidende Gerechtfertigte 166.
[142] A.a.O.126.
[143] Zu Mk 6,14b siehe unten.
[144] *M. Karrer*, Leben und Tod 137.
[145] A.a.O. 135.

VII. Die mögliche Relevanz der jüdischen Märtyrer-Konzeption

Wichtig ist zunächst 2 Makk 7, eine Lehrerzählung, die die makkabäischen Märtyrer als ideale Gestalten darstellt. Auffallend ist die dialogische Gestalt des Berichts, die den Gegensatz zwischen dem König als dem Vertreter der gottlosen Staatsmacht und den sieben toratreuen Brüdern herausstellt und dabei demonstriert, daß die Macht Gottes die des Königs weit übersteigt, weil Gott imstande ist, die Märtyrer nach der Todesstrafe aufzuerwecken (7,9).[146] Einer der Brüder kann deshalb sagen: „Wie erwünscht ist es doch, daß die durch Menschen Sterbenden die Versprechungen Gottes erwarten können, von ihm wieder auferweckt zu werden. Für dich (d.h. den gottlosen König) wird es keine Auferstehung zum Leben geben." (2 Makk 7,14). Der Text knüpft gerade mit der Formulierung ἀνάστασις εἰς ζωήν an Dan 12,2 an (vgl. auch 7,9), wie überhaupt 2 Makk 7 eine Neuinterpretation jener eschatologischen Erwartung der Totenauferstehung aus Dan 12 sein wird: Weil die in Dan 12 angekündigte, aber ausgebliebene Auferstehung der im Religionskonflikt Getöteten eine neue Lösung verlangte, versucht 2 Makk 7,6 mit Blick auf Gottes Erbarmen (Dtn 32,36) den durch ihren Märtyrertod Zukurzgekommenen zu ihrem Recht zu verhelfen.[147] Allerdings fehlt in 2 Makk 7 jeder eschatologische Bezug; die Auferstehung leitet nicht mehr die Zeitenwende der Herrschaft Gottes ein, wie es in Dan 12 der Fall ist. Es geht nicht um die kollektive Auffassung von der Auferstehung der Gerechten in Israel, in Sonderheit derer, die um ihrer Toratreue willen Getöteten. Die Vorstellung ist individualisiert und als Einzelschicksal der sieben Märtyrer geschildert: „Die apokalyptische Erwartung einer irdischen Auferstehung der in den Endzeitwirren Umgekommenen wird zur postmortalen himmlischen Auferstehung der Märtyrer transformiert."[148] In der Tat entstand wohl im Zuge der Enteschatologisierung der zugrundeliegenden Vorstellung die Überzeugung, daß die herausragenden Märtyrer unmittelbar mit ihrem Tode in die himmlische Welt auferstehen. Denn 2 Makk 7,36 betont: Nachdem sie die nur kurze Pein erlitten haben, sind die Brüder *jetzt schon* ins ewige Leben geschritten. Auch die übrigen Auferstehungsaussagen in 2 Makk sind von derselben Erwartung einer himmlischen Auferstehung unmittelbar nach dem Märtyrertod geprägt (14,45f.; 12,43–45),

---

[146] *J. W. van Henten*, Das jüdische Selbstverständnis 140f.
[147] *U. Kellermann*, Auferstanden 62.81–83.
[148] A.a.O. 81.

wobei 12,43–45 zeigt, daß die Auferstehungshoffnung umstritten war und besonderer Argumente bedurfte.[149] Ähnlich steht es mit den späteren Formulierungen des ganz in hellenistisch-jüdischer Tradition stehenden 4. Makkabäerbuches (gegen Ende des 1. Jahrhunderts n. Chr.), die allerdings bereits umgestaltet sind durch den Glauben an die Unsterblichkeit der Seele (14,5 f.; 16,13; ansonsten 13,17; 16,5; 17,11–13; 17,17–19; 18,3).

In die Nähe von 2 Makk 7 rücken auch einzelne Teile der sog. Weisheit Salomos, obwohl hier die Vorstellung vom leidenden Gerechten dominiert, die nicht einfach mit der Märtyrerhoffnung identifiziert werden darf.[150] Gleichwohl ist in einzelnen Textpassagen Märtyrertopik zur Beschreibung des leidenden Gerechten aufgegriffen, wenn etwa 3,1–6 an 2,10–20 anknüpft, wo bereits auf Verfolgung, körperliche Mißhandlung und tödliche Bedrohung des Gerechten in der ersten Frevlerrede angespielt wird.[151] Diese Märtyrertopik taucht in Begriffen der Märtyrerthematik auf (βάσανος 3,1; κολάζειν 3,4).[152] Gerade in 3,1–9 (ähnlich auch 4,7–19) wird „wie sonst nur noch in 2 Makk 7,1–42 formuliert, daß Gott selbst hinter der Züchtigung des Gerechten steht. Deshalb bedeuten Marter und Tod für den Frommen nicht Katastrophe und Untergang, sondern Erprobung und Läuterung durch Gott."[153] In Weish 3,1–6 und 4,7–19 ist die Wende im Geschick des Gerechten als individuelle Erhöhung unmittelbar jenseits des Todes aufgefaßt[154], wenngleich in 3,1–6 die Hoffnung auf die Auferstehung des Märtyrers durch den Gedanken der Unsterblichkeit der Seele umgedeutet ist[155]. Immerhin wirkt die frühjüdische Märtyrerkonzeption in Weish 3,1–6 nach.[156] Dabei ist natürlich zu berücksichtigen, daß die Tradition vom bedrängten, aber von Gott durch Erhöhung rehabilitierten Gerechten an sich, religionsgeschichtlich be-

---

[149] *H. Lichtenberger*, Auferweckung 418.
[150] „Der wesentliche Unterschied gegenüber dem Martyrium ist doch, daß es bei der passio iusti um einen innerjüdischen Konflikt geht und im Martyrium um einen Konflikt von toratreuen Juden mit einer heidnischen Staatsmacht." *L. Ruppert* in Zusammenfassung und Diskussion in: *J. W. van Henten*, Entstehung der Martyrologie, 251.
[151] *A. Schmitt*, Wende 36 f.
[152] *Ders.*, Weisheit 56.
[153] A.a.O. 56 f.
[154] In Weish 4,20–5,23 wird im Unterschied dazu auf zukünftige Ereignisse geblickt.
[155] *U. Kellermann*, Auferstanden 102 f.
[156] Eine besondere Problematik stellt AssMos 9,1–7 dar, wo die Geschichte des Makkabäervaters Mattathias (1 Makk 2) und der sieben Brüder aus 2 Makk 7 nachwirkt, allerdings das Auferstehungszeugnis fehlt. Dieses scheint durch die Schilderung der Endtheophanie Gottes und der himmlischen Erhöhung des ganzen bedrängten Volkes Israel ersetzt, vgl. *U. Kellermann*, Auferstanden 94 f.

trachtet, eine eigenständige Überlieferung darstellt, die die in Jes 53 LXX erkennbare Linie aufgreift (im sog. „Diphtychon" von Weish 2,12–20; 5,1–7), um sie in eine bestimmte Richtung auszuziehen, „eben das unschuldige Leiden des/der Erwählten Gottes, das in die Rehabilitierung, konkret: Erhöhung durch Gott mündet"[157]. Eine geistige Nähe zu Märtyrertexten zeigt auch ein anderer Beleg der „passio iusti"-Tradition: die Rede an die lebenden Gerechten in 1 Hen 103,9–104,6. Sie schildert in 103,10.15 den gewaltsamen Tod der Gerechten, der an Märtyrerberichte erinnert, und kündigt die individuelle Wende des Lebens als postmortale himmlische Existenz bei Gott an (104,2), die der himmlischen Auferstehung der Märtyrer entspricht.

Aufgrund der geistigen Verwandtschaft beider Traditionen, die dennoch eine je eigene traditionsgeschichtliche Herkunft haben, ist ernsthaft davon auszugehen, daß das, was historische Forschung heute sorgsam unterscheidet, für frühjüdische Kreise, und so auch für die Jünger Jesu, eher eine Einheit gewesen ist; besonders dann, wenn man bedenkt, daß die früheste Gestalt der Passionsgeschichte (erkennbar noch anhand des MkEv) von dem Motiv der passio iusti geprägt ist und dann bei Lukas zusätzlich Züge des Martyriums erhalten hat. Beide Konzeptionen konnten sich vermischen, so daß die geistige Nähe der „passio iusti-Texte" zu den jüdischen Martyrien trotz ihrer Andersartigkeit deutlich ist.[158] Wenn im folgenden besonders auf die Geschichte des jüdischen Märtyrergedankens einzugehen ist, so geschieht dies nur deshalb, weil hier Defizite in der Forschung bestehen, wenn man danach fragt, inwiefern die Auferstehungshoffnung der Märtyreridee auf die Vorstellung der Auferstehung Jesu eingewirkt haben könnte. Dabei ist daran festzuhalten, daß frühjüdische Kreise zwischen beiden Konzeptionen nicht bewußt unterschieden haben und für die Jünger Jesu der hingerichtete Jesus sowohl leidender Gerechter sein konnte wie Märtyrer, zumal die jeweilige Heilshoffnung sich ganz ähnlich artikuliert hat, einmal als individuelle Auferstehung in den Himmel – zum anderen als Erhöhung unter die „Gottessöhne" (Weish 5,5).

Wichtig werden in diesem Zusammenhang zwei frühchristliche Texte, die aber deutlich eine jüdische Vorlage erkennen lassen. Es handelt sich um Offb 11,3–13 und ApkEl 35,7–21, wo eine individuelle Auferweckung herausragender Gestalten wie Elija und Mose (so Offb) oder Elija und Henoch (ApkEl) erfolgt, nachdem diese vor dem eschatologischen Ende auf Erden erscheinen[159] und angesichts der widergöttlichen (Welt-)macht den Märtyrertod erleiden. Schon lange hat man ja in diesen Texten die Aufnahme jüdischer Vorstellungen finden wollen, die als

---

[157] L. *Ruppert*, Der leidende Gerechte 85.
[158] A.a.O. 77.
[159] Vgl. Sir 48,9–10; 4 Esr 6,26.

Vorbild für die christliche Vorstellung einer gesonderten Auferweckung des gekreuzigten Jesus dienen konnten, die von der eschatologischen Hoffnung auf die allgemeine Totenauferstehung zu unterscheiden sei.[160] Letzteres wird wohl richtig sein; allerdings bedarf es bei der Berücksichtigung der Märtyrertradition aussagekräftiger jüdischer Belege, die ins Frühjudentum gehören und nicht erst aus späten christlichen Texten hypothetisch erschlossen werden.[161] Der Fehler bisheriger Versuche, die Vorstellung individueller Auferstehung als vorchristlich nachzuweisen, lag in der Beschränkung auf „die Tradition über das Martyrium eschatologisch-prophetischer Gestalten"[162]. Denn die Auferstehung speziell von Propheten ist (abgesehen von der umstrittenen Aussage in Mk 6,14) erst in Offb 11 oder ApkEl belegt. Eine Lösung der Problematik ergibt sich aber dann, wenn man die jüdische Märtyrerhoffnung als eigenen motivgeschichtlichen Kristalisationspunkt ansieht, der zunächst gar nichts mit dem Todesschick von Propheten zu tun hat, wobei diese spezielle Anschauung eine erst späte Variante der Märtyreridee darstellt (z. B. Offb 11).[163] Ausgangspunkt hat vielmehr 2 Makk 7 zu

---

[160] *K. Berger*, Auferstehung 142–149; den Thesen von K. Berger bereits vorher folgend *R. Pesch*, Entstehung 201–228.

[161] Der Verweis auf Weish 4 bzw. 5 oder TestHi 39f. bei *K. Berger*, Auferstehung 111–122, hilft in der vorgelegten Form noch nicht weiter, da dort die Auferstehung gar nicht erwähnt ist. Die entsprechende Kritik in der Forschung hat an diesem Punkt zu Recht angesetzt, vgl. bereits *M. Hengel*, Osterglaube 258; *J. M. Nützel*, Schicksal 85–87.94.

[162] Vgl. die Formulierung bei *R. Pesch*, Entstehung 222.

[163] Offb 11,3–13 läßt in seiner vorliegenden christlichen Bearbeitung durch den Seher Johannes durchaus noch eine vorgegebene Tradition erkennen, die vom Zusammenstoß zweier Propheten (Elija und Mose) mit dem endzeitlichen Widersacher in Jerusalem handelt. Die entindividualisierende Tendenz der christlichen Tradition, die mit dem martyrologischen Geschick der beiden Zeugen das entsprechende Schicksal der christlichen Gemeinde symbolisieren will, hat es nicht vermocht, den jüdischen Hintergrund der Überlieferung ganz zu verwischen. Diese ist am ehesten in V. 7b.8a.9b.11 greifbar (*J. M. Nützel*, Schicksal 67–69.71–76; *U. B. Müller*, Offb 218–221). Sie betrifft das Kommen bestimmter Propheten (vgl. 4 Esra 6,26), den Kampf des endzeitlichen Widersachers gegen sie (Dan 7,20f.; 11,21–45), ihre Tötung durch ihn und ihre Auferweckung danach, die wohl ihrer Rehabilitierung gilt. Auffällig ist, daß die Auferstehung mit den Vorstellungskategorien von Ez 37,5.10 formuliert ist. Entscheidend bleibt jedoch, daß die Einzelheiten der zugrundeliegenden Tradition mit urchristlichem Denken konkurrieren: „Die Wiederbelebung der Zeugen paßt weder zur Auferstehung Christi noch zur Erwartung der allgemeinen Totenauferstehung... die Zeitangabe ‚nach dreieinhalb Tagen' stimmt mit keiner Aussage über die Auferstehung Jesu ‚am dritten Tage' bzw. ‚nach drei Tagen' überein. Es liegt deshalb kaum eine Analogiebildung zur Auferstehung Jesu vor..." (*U. B. Müller*, Offb 220, nach dem Vorgang von *K. Berger*, Auferstehung 39f.). Die Zeitangabe ist nur aus Dan 7,25; 12,7 ableitbar, wobei diese nur deshalb gewählt wurde, weil der Zeitpunkt der Wiederbelebung genau der Zeit der Schändung ihrer Leichname entsprechen soll (Offb 11,9).
Übereinstimmungen wie auch Unterschiede gegenüber der Elija-Henoch-Erzählung in ApkEl 35,7-21 sprechen dafür, daß auch dieser Text eine eigenständige Wiedergabe jener jüdischen Überlieferung von der Tötung der Propheten

sein[164]; denn der dortige Auferstehungsbegriff steht wahrscheinlich „am Anfang einer motivgeschichtlichen Linie, die auf eine exklusive... Bedeutung des Auferstehungsterminus für die Märtyrer hinzielt"[165]. 2 Makk 7 bezeugt am deutlichsten eine individuelle und deshalb partikulare Auferstehung für Märtyrer, die die göttliche Rehabilitierung derselben demonstriert und der Theodizeefrage nach der Gerechtigkeit Gottes den wegen ihrer Toratreue Getöteten gegenüber genügt.[166] Gleichzeitig begegnet hier eine Auferstehungserwartung, die zu unterscheiden ist von der endzeitlichen Auferweckung der Toten, so sehr mit der Möglichkeit zu rechnen ist, daß dieser gesonderte Auferstehungsgedanke eine Weiterentwicklung von Dan 12,2 f. darstellt.

Dieser individuelle Auferstehungsgedanke hat wahrscheinlich deutliche Spuren hinterlassen in jenem in Mk 6,14b überlieferten Volksgerücht: „Man sagte: Johannes der Täufer ist von den Toten auferweckt, und deshalb wirken die Kräfte in ihm." Diese kuriose Überlieferung, die nicht vom markinischen Motiv der zeitlichen Abgrenzung Jesu gegenüber dem Täufer her erklärt werden kann[167], scheint wohl als Außenwahrnehmung durch das Volk entstanden zu sein, das Jesus mit Johannes verbinden konnte, wenn man an den gemeinsamen Tatbestand eschatologischer Naherwartung denkt.[168] Trotz der redaktionell-markinischen Formulierungsweise ist Mk 6,14 im Blick auf seinen Aussagegehalt ernstzunehmen: „Das mitgeteilte Gerücht, so kurios es wirkt, ist im herodianischen Galiläa-Peräa durchaus vorstellbar. Der Einwand, ein derartiges Gerücht über die Auferstehung von Heilsgestalten sei nicht nachweisbar, ist sachlich unzutreffend..., und wäre, selbst wenn es zuträfe, eher ein Argument zugunsten der Zuverlässigkeit der ‚abstrusen' Überlieferung."[169] Im Unterschied zur Aussage von Mk 6,16, die wegen der bekannten Parallelität zu christologischen Wendungen wie Apg 2,23 f.; 2,36; 3,14 f.; 4,10; 5,30

---

durch den Endzeittyrannen sowie ihrer Auferstehung darstellt. Jedenfalls handelt es sich bei den verschiedenen Ausprägungen der jüdischen Märtyrertradition um eine Vorstellung, die eine göttliche Rehabilitierung dieser von der widergöttlichen Staatsmacht getöteten Frommen kannte, die in einem punktuellen Akt der Auferstehung bzw. Auferweckung durch Gott ihren Ausdruck fand.

[164] Der Text findet bei *K. Berger*, Auferstehung 110–122.377-402 kaum Beachtung, abgesehen von 377 f. Anm. 495.
[165] *U. Kellermann*, Auferstanden 65.
[166] A.a.O. 92 f.
[167] Gegen *D. Lührmann*, MkEv 115.
[168] So wohl richtig jetzt *K. Backhaus*, Jüngerkreise 91–95. Die Gerüchte über den wiedererstandenen Johannes sind vor dem Hintergrund der Märtyrertradition zu verstehen, nach der der getötete Prophet durch Auferweckung gerechtfertigt wird. Die sonst nicht belegte Verbindung von Auferweckung und Wundertätigkeit bereitet allerdings Schwierigkeiten; möglicherweise wirkt hier Elijatradition nach.
[169] A.a.O. 92.

u.ö. eine christliche Prägung erkennen läßt und als Vorbereitung auf Mk 9,11–13 formuliert ist, verrät Mk 6,14b seine ursprüngliche nichtchristliche Herkunft dadurch, daß die zitierte Volksmeinung nicht an Jesus, sondern an Johannes interessiert ist, dessen Wirken man de facto in Jesus fortgesetzt findet.[170] Johannes ist das eigentliche Objekt, dem die Volksverehrung gilt. Nur so ist auch zu erklären, daß beide Gestalten, Johannes und Jesus, in eins gesehen werden, während der christlichen Gemeinde doch von Anfang an an einer differenzierenden Klärung des Verhältnisses beider gelegen ist. Die Erwähnung der Wundertätigkeit ist zwar aufgrund der Volkswahrnehmung formuliert, daß Jesus durch Wundertätigkeit auffiel; gleichwohl dient diese Erwähnung nicht der Unterscheidung beider Gestalten, sondern der Hervorhebung des Täufers und damit seiner Verehrung, weil in ihm als dem von den Toten Auferweckten „die Kräfte" wirken. Man wird deshalb damit rechnen müssen, daß Mk 6,14b Aufnahme jüdischen Volksglaubens ist, daß Johannes der Täufer als Märtyrer getötet und von Gott auferweckt wurde. Die Verbindung von Märtyrerauferstehung und Wundertätigkeit ist allerdings singulär und wohl nur aufgrund der tatsächlichen Wundertätigkeit Jesu, die man im Zuge der Täuferverehrung Johannes zuschrieb, zu erklären. Die volkstümliche Anschauung von der Auferweckung des Täufers als Märtyrer, die trotz der gegenwärtig vorherrschenden Tendenz der Forschung als jüdische Anschauung in Mk 6,14b greifbar erscheint, ist im Blick auf die Reaktion der Jünger nach Jesu Tod durchaus zu berücksichtigen.

Angesichts der aufgezeigten Märtyrerhoffnung bestand für Jesu Jünger die Möglichkeit, den Anstoß des Todes Jesu im Rahmen eines vertrauten Symbolsystems zu deuten und ansatzweise zu bewältigen, zumal Jesu verhüllte Voraussagen über seinen Tod solche Optionen gewissermaßen vorbereiteten (Lk 12,49f.). Doch haben solche Deutungsmuster sicher nicht ausgereicht, den Glauben an die eschatologische Auferstehung Jesu von den Toten zu stimulieren; denn der Märtyrer stirbt nur als vorbildliche oder modellhafte Gestalt der Gottesverehrung Israels, ohne daß damit der Horizont eschatologischer Heilswende irgendwie aufscheint. Andererseits aber provozierte der Überschußcharakter von Jesu Gottes-Reich-Verkündigung doch wohl eine darüberhinausgehende Schlußfolgerung, die frühjüdisch vorgedacht war (Jes 25,8; 26,19) und in Dan 12 eindeutig ausgesprochen ist. Mit der Erwartung der weltumspannenden Königsherrschaft Jahwes mußte auch das Problem des Todes zur Sprache kommen: „Wenn im Ernst Jahwe die *malkuth* zu-

---

[170] A.a.O. 91.94.

kommt, dann muß er auch der Toten Herr sein."[171] Die Ankündigungen Jesu selbst (Lk 13,31 f.; Mk 14,25) konnten eine entsprechende Überzeugung stimulieren.

---

[171] H. *Wildberger*, Jesaja 964, mit Blick auf Jes 24,21–23 und 25,8. Man kann auch sagen: „In dieser universalen Basileia, durch Mahl und große Apokalypsis konstituiert, wird auch der Tod vernichtet, ein ausdrücklich auf Dauer hin wirksames Geschehen." *P. Welten*, Vernichtung des Todes 145. Unwichtig ist in diesem Zusammenhang, ob Jes 25,8a Glosse ist oder nicht, in jedem Fall ist der Satz Ausdruck frühjüdischer Frömmigkeit.

VIII. Die Vorstellung der eschatologischen Totenauferstehung

Mit den letzten Sätzen ist die Problematik frühjüdischer Auferstehungshoffnung angesprochen. Gegenüber der bis vor kurzem vertretenen Auffassung, der Auferstehungsglaube habe sich im Frühjudentum breit durchgesetzt, findet sich neuerdings die These: Diese Vorstellung beherrscht „um die Zeitenwende in Israel nicht das Feld"[172]. In den Qumrantexten spielt sie keine signifikante Rolle.[173] In den palästinischen Grabinschriften des 1. Jahrhunderts fehlt ausdrückliche Auferstehungsterminologie, und über den Kreis der Sadduzäer mit ihrer Auferstehungsleugnung (Mk 12,18) hinaus sind Alternativen zur Auferstehungshoffnung durchaus zu finden, was sich etwa in allerdings wenigen Texten der Jesusüberlieferung zeigt, wo die Geborgenheit in Abrahams Schoß die eigentliche postmortale Hoffnung darstellt und die Auferweckung des Lazarus in ihrer Bedeutung für die Lebenden abgewertet wird (Lk 16,30)[174]. Jedenfalls wird man lehrhafte Aussagen über eine generelle Auferstehung der Toten, wie sie nach 70 n. Chr. auftauchen (LibAnt 3,10; 4 Esr 7,26 ff.; syrBar 49–51), nicht als repräsentativ für das Frühjudentum ansehen dürfen. In Frage kommt wohl nur die Hoffnung auf die Auferstehung der Gerechten, wobei die Schwierigkeit mancher Texte zur Vorsicht bei der Interpretation mahnt.

Schon die Bestimmung der ältesten Auferstehungsaussage bereitet Probleme. Wird man in Jes 26,19 möglicherweise noch eine metaphorische Aussage über die Wiederaufrichtung Israels (vgl. Ez 37) sehen müssen, noch keine Auferstehung einzelner Menschen[175], so könnte der umfassende Charakter der Heilszusage in Jes 25,8 („Und er (Gott) vernichtet für immer den Tod") ein bereits fortgeschrittenes Stadium der Traditions-

---

[172] *M. Karrer*, Leben und Tod 130.
[173] Vgl. *H. Lichtenberger*, Auferweckung 420; allein von der besonderen Begräbnisweise der Essener auf die entsprechende Auferstehungsvorstellung zu schließen, ist riskant; anders etwa in der Stellungnahme bei *H. Stegemann*, Essener 290 f. Ein Problem für sich bleibt, ob der Text 4Q 521 die Totenerweckung real oder nur metaphorisch für die Restitution des Gottesvolkes Israel versteht (ähnlich wie Jes 26,19); vgl. Anm. 179.
[174] *M. Karrer*, Leben und Tod 129 f.
[175] *H. Wildberger*, Jesaja 995; *H. Gollinger*, Wenn einer stirbt 26 f.; anders *R. Albertz*, Religionsgeschichte 648 f.: Es geht in Jes 26,19 um individuelle eschatologische Vorstellungen, die jedem Einzelnen Trost spenden konnten, „um eine Auferstehung der frommen Armen, denen in ihrem leidvollen Leben eine Befreiung durch Gott versagt war." (649); ähnlich schon *O. Kaiser*, Prophet Jesaja 161 f.

entwicklung darstellen, zumal wenn sich der Versteil als sekundärer Einschub erweisen sollte[176]: Der eschatologische Herrschaftsantritt Gottes (Jes 24,21–23) bedeutet, daß er auch der Toten in der Scheol Herr ist. Man hat deshalb den Schluß gezogen: „Eine kommentierende Hand hat die theologische Konsequenz der so erhofften Gottesherrschaft auf Erden gezogen ... In der Zusammenschau mit dem kurzen Abschnitt 26,19, in dem die gleiche Hand den Glauben an die Auferstehung der beim Kommen dieser Gottesherrschaft bereits Toten bekennt, erreicht hier die alttestamentliche Rede von der Herrschaft Gottes einen Höhepunkt".[177] Ähnliche Überlegungen stellen sich im Blick auf 4Q 521 ein. Meist wird Kolumne II, 12 dort so verstanden, daß Ausdruck von Gottes ewiger Herrschaft die Erwartung ist, daß er „Durchbohrte" heilen und tatsächlich „Tote" lebendig macht.[178] Doch könnten beide Ausdrücke (analog den parallel genannten Empfängern der Heilstaten Gottes) bildlich gemeinte Begriffe sein, die wie die anderen Begriffe auch (Sucher des Herrn, Hoffende, Fromme, Gerechte, Arme) sich auf die in der Endzeit Lebenden und Bedrängten Israels beziehen[179]; andererseits prädiziert dasselbe Werk Gott durchaus in einer Weise (ähnlich wie die bekannte 2. Benediktion des Achtzehnbittengebets), die an die reale Totenauferstehung, beschränkt auf Israel, denken läßt: „der die Toten seines Volks lebendig machen wird" (Fragment 7,6). Der fragmentarische Erhaltungszustand der Schrift macht eine Entscheidung schwer. Spätestens in Dan 12,1–3 findet man aber eindeutige Aussagen zur real vorgestellten Auferweckung Toter. Was 12,1–3 ankündigt, geschieht „in jener Zeit" der Heilswende im Anschluß an eine noch nie dagewesene „Notzeit", die aber zugleich zum Umschwung in der Errettung Israels führt (12,1). Doch erwartet nicht ganz Israel das eschatologische Heil, sondern nur jeder, „der sich aufgezeichnet findet im Buch" als der Bürgerliste des Gottesreiches. Dieser Eingrenzung entsprechend deutet V. 2 erneut eine Einschränkung an: „Und viele *von* denen, die im Land des Staubes schlafen, werden erwachen, die einen zum ewigen Leben, die anderen (...) zur ewigen Schmach." Was sonst als Inbegriff des Unmöglichen gilt (Ijob 14,7.10.12; Koh 3,20; Jes 26,14), daß Tote auferstehen, soll im Blick auf die „Vielen" als Auswahl in Israel Wirklichkeit werden. Das Schlafen im „Staubland" als Metapher für den Tod (Ijob 17,16; 7,21; 20,11; Ps 22,16; Jes 26,19) soll für sie ein Ende haben. Wer aber sind die „Vielen"? Die Aussage in Dan 12,2 wendet sich primär an die inzwischen Verstorbenen, „die durch ihren

---

[176] O. *Kaiser*, Prophet Jesaja 161.
[177] E. *Zenger*, Herrschaft Gottes 184.
[178] Vgl. etwa E. *Puech*, Apocalypse 475–517; auch H. *Stegemann*, Essener 290 f.
[179] So H. *Kvalbein*, Wunder der Endzeit 119–121.

Tod um diese Rettung zu kurz kommen würden",[180] von der Dan 12,1 handelt. Es sind jene „Vielen", die in der jüdischen Religionsverfolgung als Märtyrer starben (11,33), denen die „Weisen" als eschatologische Lehrer zur Einsicht verholfen haben. Doch nicht nur die Märtyrer erfahren die eschatologische Errettung, vielmehr in Sonderheit jene schon erwähnten „Weisen", „die viele zur Gerechtigkeit geführt haben", wie es in 12,3 heißt. Sie erhalten in ausgezeichneter Weise Anteil an der himmlisch-astralen Herrlichkeit (Dan 12,3, aufgenommen in 1 Hen 104,2). Dazu gehören auch die Lehrer der alten Zeit, was sich exemplarisch an Daniel zeigt (Dan 12,13), dem die Auferstehung verheißen wird – ein Gedanke, der später in der Erwartung der Auferstehung der Erzväter (TestJuda 25,1–2; TestBenj 10,6–10) seine Fortsetzung findet. Alle Frevler in Israel aber, auch jene „Weise", die unter dem Druck der Bürgerkriegswirren ins „Straucheln" gerieten (11,35), würden „zu ewiger Schmach" auferstehen.[181]

Ein grundsätzlicher Aspekt ist noch zu bedenken. Hatte die aramäische Fassung des Danielbuches die Durchsetzung der Königsherrschaft Gottes (Dan 3,31–33; 4,31 f.; 6,26–28) in der Realisierung der politischen Macht des wahren Israels als des „Volkes der Heiligen des Höchsten" erhofft (Dan 7,27), so versucht die hebräische Endfassung die politischen Implikationen zu neutralisieren (Dan 8; 10–12).[182] Der Gedanke der Königsherrschaft Gottes wird im Sinne einer individuellen Eschatologie verstanden: Diejenigen, die sich in der Zeit der Drangsal bewährt haben, werden die Auferstehung erfahren, um in das ewige Leben einzugehen, die anderen in Israel sind zur „ewigen Schmach" bestimmt. Das Interesse am Schicksal der Märtyrer ist offenkundig, auch wenn der Kreis derer, die auferstehen, sich nicht auf sie allein beschränkt, wie der Verweis auf Daniel als Prototyp der in 12,3 erwähnten „Weisen" nahelegt.

Auffallend bleibt die irritierende Kürze der Auferstehungsaussage in Dan 12,3 f. „Sie läßt vermuten, daß die Auferstehungserwartung nicht erst bei der Abfassung dieser Apokalypse entwickelt wurde, sondern eine ältere Gruppentheologie voraussetzt."[183] Es ist an Jes 25,8; 26,19 zu denken. Aber auch an die „Tierapokalypse" 1 Hen 85–90, die etwa gleichzeitig wie das Danielbuch die Auferstehungshoffnung für die gefallenen makkabäischen Befreiungskämpfer kennt (90,33) – und dies in

---

[180] *U. Kellermann*, Danielbuch 52.
[181] So die vorherrschende Meinung der Forschung (vgl. nur *O. Plöger*, Dan 171 f.); anders aber *U. Kellermann*, Danielbuch, 51–54.69 f., der keine doppelte Auferstehung zum Gericht und zum Heil annimmt, sondern nur eine Verheißung an die Märtyrer ausgesagt findet, so auch *G. Stemberger*, Problem der Auferstehung 20–22.
[182] *R. Albertz*, Religionsgeschichte 670; vgl. auch *ders.*, Gott des Daniel.
[183] *U. Kellermann*, Danielbuch 54.

einem anderen Kreis der chassidischen Opposition gegen die Hellenisten, nämlich der militärisch aktiven Makkabäer, wohingegen Daniel dem quietistischen Flügel der „Frommen" zugehört, der die Aktivisten nur als „kleine Hilfe" abqualifizierte (Dan 11,34).[184]

Eines aber zeichnet sich bereits jetzt schon ab. Die Auferstehungshoffnung artikulierte sich in eschatologisch gedeuteten notvollen Umbruchzeiten, in denen die Klage des Volkes über die eigene Aussichtslosigkeit überhandnahm (Jes 26,16–18) und die erlittene Drangsal die Frage „Wie lange noch?" (Dan 8,13; 12,6) provozierte. Gerade angesichts des ohnmächtig erlittenen Todes im Einsatz für den wahren Jahweglauben forderte die Theodizeefrage eine Antwort: Gottes Herrschaftsmacht sollte sich durch die Auferweckung der Gerechten, speziell der Märtyrer, als gültig erweisen. „Es handelte sich hier also zunächst um die Generation der Gegenwart, die am Wendepunkt des erwarteten Heils stand, mit ihren Lebenden, Sterbenden und eben Gestorbenen...", die den Erweis göttlicher Gerechtigkeit und Macht verlangte. „Aus dem Marytrium entsprang der Auferstehungsglaube"[185], auch wenn die Beschränkung allein auf die Verstorbenen aus Dan 12,1–3 nicht herauszulesen ist. Was früher schon zur Beschreibung von Gottes Macht lehrhaft formuliert wurde: „Ich kann töten und lebendig machen, ich kann schlagen und heilen" (Dtn 32,39; ähnlich 1 Sam 2,6; Tob 13,2) sollte für sie auf tröstliche Weise Realität werden.

Daß sich die Auferstehungshoffnung gerade in Zeiten der Bedrückung geäußert hat, die generell die Inanspruchnahme eschatologischer Deutungskategorien provozierte, läßt sich auch beim Verfasser des sog. Henochbriefes verifizieren (1 Hen 92–105). Er schreibt wohl in hasmonäischer Zeit[186], als die soziale Krise Israel in besonderer Weise in Reiche und Arme, Gerechte und Sünder aufspaltete und der Fromme nach dem Tode einen gerechten Ausgleich für das zu Lebzeiten versagte Glück sehnlichst erwartete. Dabei ist in 1 Hen 92,3 (vgl. 91,10) die Auferstehung des Gerechten klar ausgesprochen, während 102,4–103,4 zwischen Seele und Leib zu trennen scheint (102,5) und den „Geistern, die in Gerechtigkeit gestorben sind" Leben verheißt (103,4; vgl. auch Jub 23,30ff.). PsSal 3,12 wiederum spricht in ganzheitlicher Weise von der Auferstehung der Gerechten zu ewigem Leben – ein Leben, das nie aufhört (13,11; 14,10).

Auch der kurze apokalyptische Zusatz TestJuda 25,3–5, der neben 25,1–2 in die Grundschrift der TestXIIPatr nachträglich eingefügt wurde[187], verrät noch die ursprüngliche Bedeutung der Auferstehung speziell für die Märtyrerhoffnung, wenn es heißt (25,4):

„Und die in Trauer starben, werden in Freude aufstehen...
und die um des Herrn willen starben, werden aufgeweckt werden zum Leben..."

Einerseits geht es eindeutig um das eschatologische Geschick Israels, das den Völkern vorgeordnet ist (25,5); andererseits nimmt der zitierte Textabschnitt Märtyrertradition auf, wenn die Verheißung der Auferweckung zum Leben denen gilt, die um des Herrn willen starben. Die Auferstehung der früheren Väter scheint im Zuge der Erweiterung bzw. der Verallgemeinerung des Märtyrergedankens aus Dan 12,2 entwickelt zu sein. Der Auferstehungsgedanke ist also generalisiert zur

---

[184] Vgl. R. *Albertz*, Religionsgeschichte 664.668f.
[185] P. *Volz*, Eschatologie 231.
[186] R. *Albertz*, Religionsgeschichte 674f.
[187] J. *Becker*, Untersuchungen 323f.

Auferstehung der Gerechten überhaupt, was schon in PsSal 3,12 der Fall ist. Die Einleitung zu 25,3–5 hatte diese Generalisierung bereits vorgenommen, wenn (wie in Dan 12,13 der frühere „Weise" Daniel) hier die Erzväter und Stammväter die Reihe der auferstandenen Gerechten in Israel anführen (25,1–2). Dasselbe gilt für TestBenj 10,6–10 (vgl. TestSeb 10,2), wo die Reihe mit Henoch beginnt und mit der allgemeinen Totenauferstehung endet, „die einen zur Herrlichkeit, die anderen zur Schande", wie es im Anschluß an Dan 12,2 heißt. Die Tendenz zur lehrhaften Ausgestaltung der Auferstehungserwartung ist offenkundig – ein Zug, der sich in den Bilderreden fortsetzt (äthHen 51) und auf Texte nach 70 n. Chr. vorausweist (LibAnt; 4 Esr; syrBar). Der Auferstehungsgedanke wird im 1. vorchristlichen Jahrhundert zur Gruppenanschauung der Pharisäer, während die Sadduzäer diese neue Lehre als nicht durch die Tora gedeckt ablehnen[188]. Die bekannte zweite Benediktion des Achtzehn-Bittengebets gehört wohl in diesen Zusammenhang, wenn es stimmen sollte, daß sie ihren Ursprung in der Polemik der Pharisäer gegen die Sadduzäer hat und die siegreiche Richtung sie in betonter Formulierung in die Liturgie einfügen konnte[189]. Dies bedeutet noch nicht, daß die Auferstehungshoffnung zur Zeit Jesu die mainstream-Theologie des Judentums war. Dagegen spricht wohl, daß palästinische Grabinschriften explizite Auferstehungsterminologie meiden und in der Überlieferung einzelner Gleichnisse Jesu, die den Volksglauben widerspiegeln, bei der Gestalt des törichten Reichen etwa, die Haltung der Skepsis regiert (Lk 12,19) und das erhoffte postmortale Geschick des armen Lazarus sich darin erfüllt, in Abrahams Schoß getragen zu werden (Lk 16,19–31)[190]. Immerhin ist die ganz individuelle Auferstehung des Lazarus für dieses Gleichnis als Möglichkeit durchaus denkbar, wenngleich nicht als eschatologische Erwartung, sondern nur zu dem begrenzten Zweck, die lebenden Brüder des reichen Mannes zur Umkehr zu bewegen (Lk 16,30).

Trotz gebotener Zurückhaltung gegenüber der These, die Auferstehungsvorstellung habe zur Zeit Jesu die postmortalen Hoffnungen beherrscht, ist weiterhin eines zu beachten: Wie schon in vorangehenden Perioden akuter Naherwartung im Frühjudentum sich die Überzeugung einer eschatologischen Zeitenwende artikulierte (z. B. Dan 7; 12; AssMos 10), so hat man für die Jesusbewegung Entsprechendes anzunehmen. Denn die Gewißheit des Anbruchs der Königsherrschaft Gottes bedeutete ja das Kommen der endgültigen Heilszeit. Jesus selbst hat die Auferstehungserwartung nicht ausdrücklich thematisiert. Gleichwohl ist in einzelnen Gerichtsworten Jesu (wie dem Salomo- und Jonawort Lk 11,31 f. par) oder jenem an die „Söhne des Reiches", also Israel (Mt 8,11 f. par), die Auferstehung implizit wohl vorausgesetzt (im ersten Fall die der Leute von Ninive, im anderen Fall die der Erzväter)[191], wobei gerade die Nähe von

---

[188] Vgl. das Lehrgespräch Mk 12,18–27.
[189] G. *Stemberger*, Auferstehungslehre 56; O. *Schwankl*, Sadduzäerfrage 289f. im Anschluß an *H.C. Cavallin*, Life 178.
[190] M. *Karrer*, Leben und Tod 129f.
[191] Vgl. O. *Schwankl*, Sadduzäerfrage 533.543 f. im Anschluß an *P. Hoffmann*, Auferstehung I/3 451; M. *Reiser*, Gerichtspredigt 219: Vorausgesetzt sei, „daß sich die Patriarchen entweder schon im eschatologischen Heil befinden oder aber als erste auferstehen werden".

Mt 8,11 f. zu frühjüdischen Auferstehungsaussagen über die Erzväter auffallen muß (TestJud 25,1; TestBenj 10,6). Das eigentliche Interesse der Sprüche Jesu ist aber nicht die Auferstehung; diese Vorstellung ist allenfalls „funktionales Mittel", um gestorbene Heidengruppen im Gericht auftreten lassen oder das endzeitliche Freudenmahl mit den Erzvätern als Tischgenossen beschreiben zu können[192]. Dennoch wird man angesichts des Anstoßes des Todes Jesu bei den Jüngern mit einer Aktualisierung der Auferstehungserwartung rechnen dürfen; denn es war ja die Frage nach Gottes Macht und Gerechtigkeit, die aufkommen mußte, wenn der Prophet getötet wurde, der den Anbruch gerade der Königsherrschaft seines Gottes proklamiert hatte. Es ist nur daran zu erinnern, daß die Hoffnung auf endzeitliche Realisierung der Königsherrschaft Gottes in frühjüdischen Kreisen den Gedanken einschließen konnte, daß Gott auch über die Toten Herr sei. Im Ansatz gilt dies bereits für Jes 25,8; 26,19, trifft für Dan 12 zu, wenn Gottes Königsherrschaft (Dan 3,33; 6,27–28) sich in der Errettung Israels erweist, die die Auferweckung seiner getöteten Frommen impliziert, und findet eine spätere Entfaltung in TestBenj 10,6–10, wo die eschatologische Anbetung des „Königs der Himmel" die Auferstehung der Erzväter, Israels und aller Menschen zur Voraussetzung hat. Dies war sicher nicht generelle Auffassung des frühen Judentums, vielleicht nicht einmal vorherrschende Meinung, aber doch in Kreisen nachweisbar, die vom Problem der ausgleichenden Gerechtigkeit umgetrieben wurden, die sich in diesem Leben nicht zu realisieren schien.

---

[192] *J. Becker*, Auferstehung der Toten 13; ähnlich - aber mit stärkerer Betonung der Bedeutung der Auferstehungshoffnung für Jesus selbst - *O. Schwankl*, Sadduzäerfrage 543 f.551.555 f.

IX. Visionäre Kommunikation als besondere Erkenntnisweise im jüdischen Bereich und bei Jesus

Mit den letzten Ausführungen ist endgültig die Frage nach Art und Weise der Vermittlung des Osterglaubens gestellt. Dabei werden die Erscheinungen des „Auferstandenen" eine entscheidende Rolle spielen, weil, historisch betrachtet, die Osterwiderfahrnisse in der Tat wohl als visionäre Kommunikationen zu bezeichnen sind, die bei Berücksichtigung damaliger Erfahrungsstrukturen wesentliche Aspekte der „Kontingenzbewältigungsstrategie" darstellen, die den Konflikt des Todes Jesu zu verarbeiten halfen, ohne daß der ursprüngliche Kommunikationstyp (Vision bzw. Erscheinung) bestimmbar wäre. Zu erinnern ist hier an die schon erwähnte Einsicht, daß Visionen innerhalb eines traditionellen Symbolsystems erfolgen und dessen Elemente sich zu einer neuen Konfiguration gestalten können, wenn grundlegende Voraussetzungen psychischer und sozialer Disposition vorliegen:[193] im Fall der Jünger Jesu die überwältigende Überschußerfahrung des Anbruchs der Königsherrschaft Gottes, die – um jetzt nur Beispiele zu nennen – in den Mahlgemeinschaften Jesu und der Nachfolge der Jünger zu veränderter psychischer und sozialer Disposition geführt haben.

Rückt man die Erscheinungen im Gefolge von 1 Kor 15,3–5 an den Anfang der Ostererörterung, so ist zwar dieser Ausgangspunkt nicht die eigentliche Schwierigkeit. Denn in der Tat wird die schon erwähnte Entsprechung ihre Gültigkeit haben: Was für die antike Perspektive unter dem Aspekt der Offenbarung oder der Epiphanie in den Blick kommt, die den Menschen von außen als göttliches Geschehen ergreift, ist für neuzeitliche Betrachtungsweise primär eine innere Reflexion, die sich allerdings mit Erfahrungen von außen im Kontext vorgegebener Deutungsmuster auseinandersetzt. Und Visionen sind visuelle Artikulationen jenes Reflexionsprozesses.

Doch scheint die entscheidende Schwierigkeit, die visionäre Vermittlung des Osterglaubens, d.h. seiner Auferstehungsaussage, historisch zu erklären, in einer Eigenart des religionsgeschichtlichen Befundes zu bestehen. Schau eines Verstorbenen und Auferstehungsaussage hängen anscheinend nicht zusammen: „Kein Beleg des Auferstehungsgedankens im Israel der Zeitenwende kombiniert diesen mit der Erwartung, der Ver-

---

[193] Vgl. die oben S. 46 erörterten Ausführungen von *S. Vollenweider*, Ostern 43f.

storbene/Erstandene erscheine ihm verbundenen Personen."[194] Blickt man auf die Märtyrertradition, so fehlt auch dort die Kombination mit der Erscheinung: „Gottes Erbarmen birgt die Märtyrer, ohne daß sie nach ihrem Tod nochmals gesehen würden."[195]

Diese Einschätzung ist allerdings ein wenig zu relativieren. In 2 Makk 15,11–16 wird von einem „glaubwürdigen Traum" erzählt, einer Art wirklicher Erscheinung, d. h. einer Wachvision (ὕπαρ τι), die Judas Makkabäus vor der Schlacht gegen Nikanor gehabt hat. In dieser Schau (θεωρία 15,12) sieht er den als Märtyrer gestorbenen Hohenpriester Onias (Dan 9,26; 2 Makk 3 f.; äthHen 90,8) und den Propheten Jeremia als himmlische Fürbitter für das bedrängte Volk Gottes. Die Vision setzt die postmortale himmlische Erhöhung des Märtyrers voraus, der in gleicher Weise erscheint wie der mit Zeichen himmlischen Lichtglanzes beschriebene Prophet Jeremia (15,13) – allerdings fehlt hier der ausdrückliche Auferstehungsgedanke, der sonst gerade für die Theologie in 2 Makk charakteristisch ist (bes. 2 Makk 7; aber auch 12,43–45; 14,37–46). Zu beachten ist aber der Tatbestand, der die Bedeutung jener in 2 Makk 15 geschilderten Schau eines Verstorbenen relativiert, daß die Darstellung in 2 Makk 15 zu den sonstigen Epiphanien des Buches gehört, bei denen nach griechischer Religionsauffassung Gott zur Rettung des Volkes eingreift, vom „Himmel herab" (2,21; vgl. 12,22; 15,27 u. ö.). Die Orientierung an den wiederholt erwähnten Epiphanien läßt an bewußte literarische Gestaltung denken, und wenn 2 Makk 15,11f. die Glaubwürdigkeit des Traumes des Judas betont, daß also Gott ihn im Traum einen wirklichen Vorgang habe schauen lassen, so ist dies ebenfalls als bewußte literarische Absicht zu werten, die die Vertrauenswürdigkeit des Geschilderten dadurch betonen will, daß sie auf den antiken Unterschied zwischen Traum und visionärer Schau im Wachen abhebt, wobei die Wachvision dem Traum als überlegen gilt.[196] Immerhin findet sich hier die fragliche Verbindung der visionären Schau eines Verstorbenen, die zwar nicht im unmittelbaren Kontext den Auferstehungsgedanken enthält, der aber angesichts der sonstigen Propagierung des Auferstehungsgedankens im ganzen Buch von 2 Makk mitgedacht sein dürfte. Zu erwähnen ist noch Josephus, der wohl von der volkstümlichen Vorstellung berichtet, wonach eine bestimmte Glaphyra, Tochter des Königs Archelaus von Kappadozien, nach dem Tode ihres Mannes einen Bruder ihres Mannes heiratet. Um diesen Frevel zu ahnden, erscheint er ihr im Traum und kündigt ihr den Tod an (Bell II 114–116). Wichtiger aber ist die grundsätzliche Aussage des Josephus (Bell VI 47 f.): „Wer von den braven Männern weiß denn nicht, daß die Seelen in offener Feldschlacht durch den Stahl vom Fleisch gelöst worden sind, vom reinsten Element, dem Äther, aufgenommen und zu den Gestirnen versetzt werden und als gute Geister und freundliche Heroen ihren Nachfahren *erscheinen* ..."

Ähnlich kann man bei der Schrift TestHiob argumentieren. Einmal wird deutlich, daß der in Märtyrerkategorien geschilderte Hiob die Verheißung der Auferstehung empfängt (4,9f.)[197] und seinen Thron „im Überirdischen" hat und dieser

---

[194] *M. Karrer*, Leben und Tod 136.
[195] A.a.O. 135.
[196] Vgl. *M. Frenschkowski*, Offenbarung 286f. Zur Frage nach der Wahrhaftigkeit des Geschauten vgl. auch Apg 12,9.
[197] Die Leiden Ijobs werden als Martyrium gedeutet; dementsprechend findet die Beschreibung der eschatologischen Belohnung ihre Parallelen in martyrologi-

seine Herrlichkeit von der „Rechten des Vaters" empfängt (33,2f.). Zum anderen findet sich ein Visionsbericht, der eine Schau der im Rahmen der Plagen Hiobs getöteten, dann aber in den Himmel entrückten Kinder Hiobs bringt (39,12f.): „Danach sprach ich zu ihnen (d. h. den Freunden): Wendet eure Augen nach Osten! Und sie sahen meine Kinder bekränzt (stehen) vor der Herrlichkeit des Himmlischen." (40,3). Gewiß ist die hier belegte Kombination der Schau von Verstorbenen mit der Entrückungsvorstellung nur von begrenzter Bedeutung, insofern wegen der Uneinheitlichkeit der Heilserwartungen in TestHiob bei den Kindern Hiobs (im Unterschied zum Vater) nicht von individueller Auferstehung, sondern von Aufnahme in den Himmel die Rede ist. Gleichwohl findet sich eben die Vorstellung, daß die visionäre Schau Verstorbener, die in den Himmel entrückt sind, möglich ist. Die Belege führen ins hellenistische Judentum; dennoch begegnen sie in Schriften, die gleichzeitig die Auferstehungshoffnung kennen. Dies ist verständlicherweise nicht mehr in jener eindrucksvollen kaiserzeitlichen Grabinschrift[198] der Fall, bei der der Onkel zunächst den Tod seines Neffen beweint und beklagt, dann aber eine morgendliche Vision erfährt, bei der er eine Gestalt vom Himmel herabgleiten sieht, „strahlend in sternengleichem Licht". Diese spricht zu dem Trauernden: „... was klagst du, daß ich zu den Sternen des Himmels entrückt bin (ablatum)? Höre auf, den zu beweinen, der Gott ist (desine flere deum)!" Pagane Texte aus dem 1. Jahrhundert vermögen also durchaus über die Erscheinung eines Verstorbenen zu reflektieren, den sie sogar unter die Götter versetzen. Jüdische Zeugnisse vermögen dies nicht in gleicher Weise; immerhin finden sich Erscheinungsberichte Verstorbener in jüdischen Schriften, denen an sich der Auferstehungsgedanke vertraut ist (am deutlichsten 2 Makk), die aber wohl im Zuge der Anpassung an die hellenistische Umwelt die Schau des Verstorbenen nicht mit der Auferstehungsaussage deuten (TestHi). In diesem Milieu ist die Aussage der Auferstehung in der Tat nicht als nächstliegendes Interpretament einer solchen Vision zu begreifen. Ob diese Überlegungen Konsequenzen für den vorgegebenen Verstehenshorizont der Jünger Jesu haben, ist allerdings sehr die Frage. Die literarische Verwendung einer Traumvision (so 2 Makk 15) oder eines sonstigen Visionsberichtes (TestHi 40) ist wohl Darstellungsmittel „einer theologischen Idee"[199], die zwar grundsätzlich von der antik gegebenen Möglichkeit einer visionären Schau von Verstorbenen ausgeht, aber kaum etwas Sicheres für die Wahrnehmungsbedingungen der jüdischen Kreise austrägt, aus denen die Jünger Jesu stammen.

Ungleich aussichtsreicher erscheint der schon angedeutete allgemeine Rekurs auf das durch ein besonderes Krisenbewußtsein geprägte Milieu Palästinas zur Zeit Jesu, „in dem Seher immer wieder beansprucht, Gesichte geschaut, in Träumen Offenbarungen empfangen oder Himmelsreisen unternommen zu haben (vgl. nur 2 Kor 12,1–4)".[200] Dabei zeigt sich für die palästinische Auffassung vom Propheten eine geradezu typische Verbindung von „Sehen" und „Verkünden" (vgl. nur Sir 44,3; 46,15;

---

schen Texten, vgl. 4 Makk 17,15; syrBar 15,8; Offb 2,10. Näheres dazu bei *B. Schaller*, Testament Hiobs 329, Anm. zu 10a) und 10c).
[198] CIL VI,3 Nr. 21521, lateinischer Text bei *H. Wrede*, Consecratio 106f. – deutsche Übersetzung bei *K. Berger/C. Colpe*, Textbuch 94.
[199] *G. Stemberger*, Leib der Auferstehung 12.
[200] *P. Hoffmann*, Glaube an die Auferweckung Jesu 250.

48,22.24; 11Q Ps^a 22,13–15).[201] Apokalyptische Texte wie z. B. äthHen 1,2; 13,8–10; 14,2–4; 40,2.8; grHen 13,8 oder ein bekenntnishafter Hymnus, der die eigenen Erfahrungen einer jüdischen Gruppe beschreibt (1QM 10,10 f.), spiegeln „gleiche Erfahrungsstrukturen" wider, die die Schlußfolgerung gestatten, daß die Entsprechung zwischen visionärem Sehen und Verkündigen nicht nur literarischer Gepflogenheit entspringt, sondern gelebter Praxis entstammt.[202] Für das „Volk der Heiligen des Bundes" in 1QM 10,10 f. ist das „Hören des Geehrten" und das „Schauen der heiligen Engel" Voraussetzung dafür, daß sie „Unergründliches" vernehmen. Nicht grundsätzlich anders gestaltet sich der urchristliche Befund: Wenn ἀποκάλυψις in 1 Kor 14,6.26 als Unterbegriff neben anderen Charismen erscheint, so „sind offenbar ‚punktuelle' Offenbarungserfahrungen einzelner Gemeindeglieder" gemeint, „die im Gottesdienst… mitgeteilt werden und visionären, auditionären oder inspirativen Ursprungs sein können."[203] Paulus selbst ist Visionär, wenngleich die präzise Zeitangabe in 2 Kor 12,2 signalisiert, daß die Himmelsreise für Paulus nichts Alltägliches war und eher zu den „peak experiences" eines pneumatisch Begabten gehörte.[204] Zwar stellt Paulus seine Ostererfahrung nie auf eine Stufe mit den ὀπτασίαι καὶ ἀποκαλύψεις von 2 Kor 12,1; dennoch ist der visionäre Charakter seines Damaskuserlebnisses nicht zu bestreiten (vgl. nur 1 Kor 9,1). Jedenfalls verrät die sprachliche Charakterisierung desselben in Gal 1,15 f. jene oben genannte Erfahrungsstruktur, wonach die Bezogenheit von visionärem Sehen und Verkündigen verbreiteter Praxis entspricht. Dabei ist gleichzeitig zu wiederholen, daß eine Vision als Widerfahrnis und eigene Reflexion des Visionärs einander nicht ausschließen, sondern zusammengehören. Paulus etwa kann seine Lebenswende sowohl als göttliche Berufung schildern (Gal 1,15 f.) als auch als persönlichen Entscheidungs- und Lernprozeß (Phil 3,7–10). Letzteres ist zunächst einmal auf den Argumentationskontext in Phil 3 zurückzuführen, insofern die kognitive Entscheidung des Apostels für Christus Jesus und gegen die Tora paradigmatische Bedeutung für die Gemeinde zu Philippi haben soll. Dennoch setzt diese Darstellungsmöglichkeit doch wohl voraus, daß die visionäre Schau des Auferstandenen entscheidender Schlußpunkt eines Reflexionsprozesses gewesen ist, an dessen Ende sich Paulus für den Glauben entschied, den er zuvor zu vernichten suchte (Gal 1,23).

Ähnliches wird man auch für Jesu Vision vom Satanssturz sagen können (Lk 10,18). In ihr fand eine für Jesus entscheidende Einsicht verdich-

---

[201] *G. Dautzenberg*, Prophetie 202–207.
[202] A.a.O. 212 f.
[203] *M. Frenschkowski*, Offenbarung 345; vgl. auch 382 f.
[204] A.a.O. 380; aber auch a.a.O. 376f; *B. Heininger*, Paulus als Visionär.

tet ihren Ausdruck. Sie war wohl das Signal für ihn, seine Dämonenaustreibungen neu zu deuten.[205] Es macht dabei wenig Sinn, die Relevanz visionärer Erfahrung Jesu damit zu relativieren, daß man die (nur scheinbare) Alternative aufstellt, ob das Wort Lk 10,18 verbaler Reflex einer Vision sei oder nur eine prophetische Interpretation, „die einen Rückschluß von den Exorzismen auf ihren tieferen Hintergrund angibt"[206]. Der visionäre Charakter der Aussage in Lk 10,18 läßt sich angesichts ihrer Einbettung in frühjüdische Visionsterminologie schwerlich bestreiten. Die Aussageabsicht von Lk 10,18 ist im Blick auf das inhaltlich verwandte Logion Lk 11,20 in jedem Fall klar. Dabei gibt die logische Struktur von Lk 11,20 den entscheidenden Hinweis: „Wenn ich mit dem Finger Gottes die Dämonen austreibe, dann (zeigt sich darin, daß) die Gottesherrschaft zu euch gelangt ist." Ἄρα markiert im nachgestellten Hauptsatz als Folgerungspartikel die kognitive Konsequenz, die die Zeugen der Dämonenaustreibungen ziehen sollen. Diese Aussageabsicht setzt aber bei Jesus selbst eine entsprechende erkenntnismäßige Schlußfolgerung voraus, die nach jüdischem Verständnis keinesfalls selbstverständlich war, sondern auf besondere Weise vermittelt sein mußte: die eschatologische Bedeutung seiner Dämonenaustreibungen als Element der Durchsetzung der Herr-

---

[205] Im folgenden versuche ich meine, in *U. B. Müller*, Vision 422–429 entfaltete Sichtweise weiterzuführen. Grundsätzlich zustimmend, wenn auch mit eigener Akzentsetzung, hat sich *H. Merklein*, Jesu Botschaft 59–62, zu dieser Sichtweise von Lk 10,18 geäußert. Nicht recht verständlich ist mir die These von *S. Vollenweider*, Satan 200f.: „Es ist nicht der Sturz Satans, der die Botschaft von der Gottesherrschaft provoziert und die Grundlage für die Verkündigung ihrer Gegenwärtigkeit abgibt. Im Gegenteil! Der Anbruch der Gottesherrschaft schließt die Beendigung der Satansherrschaft ein, aber das Reich Gottes wird nicht von seinem Gegensatz zum Satansreich her bestimmt." Zwar wird der allerletzte zitierte Satzteil stimmen. Doch kann er nicht die von Vollenweider behauptete Umkehrung der von mir, Vision 425–428, behaupteten Sachverhalte begründen (z.B. *U. B. Müller*, Vision 425: „… Jesus, der in der Vision Lk 10,18 die Grundlage dafür gefunden hat, das schon gegenwärtige Geschehen der Gottesherrschaft verkünden zu können.")! Vollenweider erkennt in Lk 10,18 zu Recht einen Visionsbericht Jesu und deutet ihn im Kontext der endzeitlichen Hoffnungen des Judentums: „Man sieht: Visionen aktualisieren und mutieren Traditionen." (*Vollenweider*, Satan 196). Ebenso richtig stellt er die erstaunliche Besonderheit Jesu heraus, diese Exorzismen eschatologisch als Ereignisse der Gottesherrschaft zu sehen (a.a.O. 199). Liegt da nicht wirklich nahe, die erkenntnisvermittelnde Funktion der Vision ernstzunehmen und die in der Vision geschehende Aktualisierung und Mutation der zugrundeliegenden Tradition vom Satanssturz als neu gewonnene Einsicht Jesu in den eschatologischen Charakter seiner Dämonenaustreibungen zu deuten? Es ist doch zu fragen, wie Jesus zu seinem neuen Verständnis der Basileia-Erwartung gekommen ist, die gerade mit seinem Wirken irdische Realität gewinnt.
[206] *J. Becker*, Jesus 132.

schaft Gottes. „Ohne Parallele ist das Vertrauen Jesu, daß durch seine Exorzismen Gott selbst handelt und die Gottesherrschaft anbricht"[207]. Nur die Vision vom Satanssturz aus dem Himmel kann erklären, warum Jesus das punktuelle Wirken der Dämonenaustreibungen als integralen Bestandteil des eschatologischen Herrschaftsantritts Gottes begriffen hat. Die Jesus zuteilgewordene Vision beinhaltete ja den Sturz des Satans, und zwar – das ist entscheidend – als des Dämonenbeherrschers (TestLevi 18,12)[208]; gemeint ist wohl jenes Geschehen, wonach Gott den „Starken" gebunden und somit entmachtet hat (Mk 3,27). Wichtig ist nun die Überlegung: Indem Jesus seine punktuellen Exorzismen mit dem einen entscheidenden Ereignis des Satanssturzes als Anbruch der eschatologischen Gottesherrschaft (AssMos 10) verbindet, vollzieht er eine bedeutungsmäßige Innovation der jüdischen Basileia-Erwartung.[209] Jüdische Erwartung geht davon aus, daß Gott allein seine universale Königsherrschaft durchsetzen wird. Jesu Anspruch aber, irdischer Repräsentant der Gottesherrschaft zu sein, wenn er sein eigenes Wirken als Bestandteil ihrer Durchsetzung begreift, steht in Spannung zur vorgegebenen Bedeutungsstruktur und mutiert sie in einer Weise, die seine Zeitgenossen faszinierte oder schockierte (vgl. Mt 11,6 par; Lk 10,23 f.). Den Anstoß zu dieser Innovation in der Vision Lk 10,18 zu sehen, legt sich aufgrund ihres Inhaltes nahe, insofern die Überzeugung vom bereits erfolgten Satanssturz frühjüdisch die weiteren vorstellungsmäßigen Implikationen nach sich ziehen mußte. Historisch weiter zurückzufragen und den Anstoß für die Vision Jesu bestimmen zu wollen, gelingt allerdings nicht mit ausreichender Sicherheit. Das gilt für die These, „daß die Erkenntnis vom Einbruche des Reiches in ihm (Jesus) aufgewacht ist in und mit dem Regewerden seiner charismatischen Kräfte"[210]. Dies wird auch für eine Erklärung zutreffen, die mit dem besonderen Eindruck argumentiert, den seine erfolgreichen Exorzismen – ohne magische Praktiken, vielmehr allein mit dem „Finger Gottes" – auf Jesus selbst gemacht haben müssen, und dies auf dem Hintergrund, daß Johannes der Täufer als der von ihm geschätzte Endzeitprophet keine Wundertaten vollbracht hat und Jesus sich von ihm durch die Vermittlung der heilvollen Neuheitserfahrung des Reiches Gottes unterschied.[211]

---

[207] *G. Theißen/A. Merz*, Jesus 263; aber auch a.a.O. 279; ähnlich *D. Trunk*, Der messianische Heiler 426.
[208] Auch Jub 10,8–13 weiß von dem Zusammenhang des Dämonenfürsten Mastema und krankheitsverursachenden Schadensgeistern, vgl. dazu *Trunk*, Der messianische Heiler 78 f.
[209] Vgl. *M. Wolter*, Gottes reich 14 f.
[210] *R. Otto*, Reich Gottes 83.
[211] Vgl. die Überlegungen bei *H. Stegemann*, Essener 323–329.

X. Die visionär vermittelte Erkenntnis der eschatologischen Auferstehung Jesu

Was im Blick auf die historischen Entstehungsbedingungen von Jesu Vision vom Satanssturz nicht befriedigend gelingen kann, wird hinsichtlich einer Erklärung des Osterglaubens doch wohl möglich sein – allerdings nur in der Weise, die historische Nachforschung zu leisten imstande ist. Im Unterschied zur grundlegenden Schwierigkeit, die in der geringen Quellenbasis begründet liegt, Jesu eigene Voraussetzungen näher zu bestimmen, die zu seiner Vision vom Satanssturz geführt haben, eröffnet sich im Blick auf den einigermaßen faßbaren Situationshintergrund der Jünger die Möglichkeit, Ostern als „denkwürdige(n) Ausgang einer Krisenerfahrung" zu begreifen.[212] Als solche setzt Jesu Tod gleichzeitig jenes vorangehende Neuheitserlebnis voraus, jenen Überschuß an Heilsgewinn, den die Verkündigung der Gottesherrschaft in Taten und Worten mit sich brachte. Wenn er sein punktuelles Wirken in einzelnen Dämonenaustreibungen als Bestandteil der eschatologischen Herrschaftsdurchsetzung Gottes verständlich zu machen suchte, so agierte er nicht nur als Prophet oder Bote der Gottesherrschaft, sondern als ihr eschatologischer Repräsentant, der sein Handeln unmittelbar mit ihr verband (Lk 11,20).[213] Es ging um den eschatologischen Einbruch der Gottesherrschaft als Macht in die Unheilswirklichkeit Israels, was sich in den Exorzismen und Tischgemeinschaften als Befreiungserfahrung real vollzog. Hier verwirklichte sich dies, was die Prophetie eines Deuterojesaja verkündete (Jes 52,7), was spätere Prophetie auf ihre Weise konkretisierte (Jes 24,23; 25,6–8; 35,5f.; 61,1) und Apokalyptik in visionärer Schau vorwegnahm (AssMos 10,1ff.). Hier war eben „mehr als Salomo", „mehr als Jona" (Lk 11,31f. par) – hier geschah alles dies, was vergangene Generationen Israels nur zu hoffen wagten (Lk 10,23f. par). Dieser Überschußcharakter in Jesu Verkündigung und Auftreten prägte auch die Vollendungsankündigungen (Lk 12,49f.; 13,31f.), die in verhüllter Form Jesu Tod implizieren, dennoch aber von der Gewißheit über die Macht des Gottes durchdrungen sind, der die Teilnahme des irdischen Repräsentanten der Gottesherrschaft am Freudenmahl der Heilszeit garantiert (Mk 14,25).

Das schreckliche Ende des Todes Jesu am Kreuz drohte alles zunichte zu machen. Wenn dennoch in den Ostererfahrungen eine erfolgreiche Bewältigungsstrategie dieses Konflikts sichtbar wird, so mag dies,

---

[212] Vgl. die Formulierung des Aufsatzes von *S. Vollenweider*, Ostern – der denkwürdige Ausgang einer Krisenerfahrung.
[213] *M. Wolter*, Gottes reich 14f.

psychodynamisch betrachtet, seine Analogie im Trauerprozeß haben, der zunächst insofern mißglückt scheint, als es nicht zur Ablösung der Jünger von dem getöteten Jesus kommt, der aber gerade darin überraschend kreativ endet, daß die Schau des „Auferstandenen" eine Bewußtseinserweiterung darstellt, die neue Horizonte geschichtlichen Wirkens erschließt.[214] Diese kontingent bleibende Verarbeitung der Krisenerfahrung des Todes Jesu artikuliert sich im Medium visionärer Kommunikationen. In ihnen verdichtet sich jener Reflexionsprozeß, der mit dem Negativerlebnis des Todes Jesu einsetzen mußte, der etwa in der Emmausgeschichte eine legendarische, dennoch aber kongenial anmutende Darstellung gefunden hat: Jesu Jünger „reden miteinander und suchen den Sinn des scheinbar ganz unbegreiflichen Geschehens zu ergründen... aber sie sind doch weit davon entfernt, das scheinbare Ende Jesu und ihrer Hoffnungen als Gegebenheiten hinzunehmen..."[215] In der Tat wird man bei den Jüngern Jesu mit einem erheblichen Ausmaß an Denkbemühung zu rechnen haben. Nicht erst der aufgrund von Ostern rasant in Gang gekommene theologische und christologische Reflexionsprozeß spielt hier eine wesentliche Rolle; dieser setzt vielmehr ein vorgängiges Nachdenken voraus, das in den visionären Akten der Ostererscheinungen nur einen vorläufigen Abschluß gefunden hat. Schon beim Zustandekommen von visionärer Kommunikation sind bestimmte Deutekategorien im Spiel, die menschliche Erfahrungen strukturieren helfen, wobei der jeweilige Grad der Bewußtheit des psychischen Prozesses wohl nicht die entscheidende Rolle spielt. Jedenfalls arbeiten Visionen im Rahmen eines traditionellen Symbolsystems und gestalten dessen Elemente zu einer neuen Konfiguration.[216] Visionen wie Erscheinungen rezipieren und mutieren Traditionen als vorgegebene Deutungsmuster. Dies gilt spätestens für das Osterbekenntnis „er ist dem Kephas erschienen", wenn hier auch der Gebrauch der alttestamentlichen Theophanieformel schon ein fortgeschrittenes Stadium der Reflexion indiziert, da Jesus dabei bereits „zu gottgleicher Aktionsmacht" erhöht erscheint.[217]

Neben dem psychodynamischen Ansatz (Trauerarbeit), der bestimmte, allerdings auch begrenzte Dimensionen der Bewältigungsstrategie erfaßt, die bei der Entstehung des Osterglaubens eine Rolle spielten, sind kognitive Aspekte entscheidend wichtig. Es ist ja eine schlichte Tatsache, daß Menschen permanent damit beschäftigt sind, durch Interpretationen ihre Erlebnisse, Wünsche und Konflikte in eine „gedeutete Welt" zu integrie-

---

[214] S. *Vollenweider*, Ostern 42 f.
[215] H. v. *Campenhausen*, Ablauf 46.
[216] S. *Vollenweider*, Ostern 43 f.
[217] A. *Vögtle/R. Pesch*, Osterglauben 68.58 f.

ren. Selbst in der Nacht hört diese Tätigkeit nicht auf. Träume begegnen als Fortsetzung dieser Interpretationsarbeit[218], ebenso wohl auch Visionen. Letztere erscheinen in der Antike am ehesten da, wo gravierende Konflikte nach einer Lösung drängten, wo es auch um Reduktion „kognitiver Dissonanzen" ging, weil menschliche Erwartungen durch die geschichtliche Entwicklung enttäuscht wurden und kognitive Einsichten helfen sollten, die Erfahrungswelt neu zu deuten. „Eben hier wird die Religion wirksam. Sie versucht immer wieder, selbst Extremsituationen mit hohen Spannungen zu sinnvollen Herausforderungen umzustrukturieren."[219] Immerhin wird die Erfahrung des Kreuzestodes Jesu den Jüngern „die Sprache verschlagen" haben; „daß nach der Darstellung des Mk keiner der Jünger bei der Kreuzigung dabei war, spricht für sich!"[220]

Historische Betrachtung kann nun das mit keiner geschichtlichen Zwangsläufigkeit ableitbare, sondern eben kontingente Ergebnis jener Auflösung „kognitiver Dissonanz" konstatieren, das sich in den Ostererscheinungen der Jünger Jesu darstellt. Sie kann aber auch versuchen, jene kognitiven Prozesse aufzuhellen, die bei der Entstehung des Osterglaubens mitgewirkt haben, wobei der hier gebrauchte Begriff von Kognition die innere Einstellung bzw. Einstellungsänderung von Personen betrifft und deshalb nicht nur rationale Aspekte meint, sondern durchaus emotionale Verhaltenselemente einschließt. Historische Analyse vermag bestimmte Dimensionen des Osterglaubens zu erfassen, am ehesten wohl jene traditionellen Deutungssysteme zu bestimmen, die beim Zustandekommen der als Visionen zu verstehenden Ostererscheinungen mitbeteiligt waren.

Die entscheidenden Weichen sind oben bereits gestellt. Im wahrsten Sinne grundlegend war die Neuheitserfahrung des Reiches Gottes, die die Jünger in und mit dem Wirken Jesu von Nazaret gemacht haben. Von fundamentaler Bedeutung war jener alle Negativität überwältigende Überschuß an Heilsgewinn, der in Jesu Worten und Taten zum Ausdruck kam,

---

[218] *G. Theißen*, Psychologische Aspekte 40.
[219] A.a.O. 42. *G. Theißen*, a.a.O. 41, Anm. 44, betont zu Recht die Bedeutung der Minderung „kognitiver Dissonanz" in Extremsituationen, wobei er einer Weiterentwicklung der entsprechenden Theorie von *L. Festinger* folgt; vgl. *ders.*, Kognitive Dissonanz 27–38. Schon *P. Hoffmann* verweist auf die Relevanz von Festingers „Theorie der kognitiven Dissonanz" für die Erklärung der Jünger-Visionen, „auch wenn sie nur ‚die kognitive Überwindung der durch den Tod Jesu ausgelösten Krise einigermaßen verständlich machen' kann, die ‚Frage nach der Entstehung der Ostervisionen' aber unbeantwortet läßt." So *ders.*, Glaube an die Auferweckung Jesu 250, Anm. 170, in Aufnahme von Formulierungen einer bei ihm geschriebenen theologischen Diplomarbeit.
[220] Vgl. die Überlegungen bei *H. Merklein*, Auferweckung Jesu 232, Anm 43, und 224, Anm. 14.

insofern in ihnen Gottes eschatologischer Herrschaftsantritt Gestalt annahm, so sehr angesichts aller Widerstände und Zweideutigkeiten dieser Unheilswelt das Reich Gottes der Vollendung erst noch entgegenging. Immerhin konnte Jesus trotz der Gefahr seines gewaltsamen Todes der Vollendung der Gottesherrschaft gewiß sein (Mk 14,25). Möglicherweise, ja fast wahrscheinlich gehörte zu dem den Jüngern vertrauten semantischen Profil der jüdischen Reich-Gottes-Vorstellung die Erwartung, daß die eschatologisch ausgerichtete Königsvorstellung Gottes die Auferstehung der Toten impliziert (Dan 12,1–3; 4Q 521 (?); TestBenj 10,6–10), ja die Vernichtung des Todes selbst (Jes 25,8). Neben diesen grundlegenden Voraussetzungen, die bei der Frage nach der Entstehung des Osterglaubens Berücksichtigung verlangen, ist jener spezielle bereits herausgestellte Deutungsprozeß von besonderer Relevanz gewesen, womit sich die eigentliche Reduktion „kognitiver Dissonanz" angebahnt hat. Jesu Jünger haben ihre visionären Erfahrungen sprachlich mit der Deutungskategorie „Gott hat ihn/Jesus von den Toten auferweckt" versehen. Die Möglichkeit, die Vorstellung der eschatologischen Totenauferweckung auf Jesus zu beziehen, ohne daß jüdischerseits die Vorwegnahme der eschatologischen Auferstehung eines einzelnen belegt ist, war nur dadurch gegeben und durch Jesu Verkündigung nahegelegt, daß die Individualisierung der Auferstehungshoffnung im Märtyrergedanken längst vorgeprägt war. Den Jüngern konnte sich wohl im Blick auf Jesu Tod die Assoziation aufdrängen, daß Jesus den Märtyrertod gestorben (wie wohl Johannes der Täufer auch) und deshalb der himmlischen Auferstehung teilhaftig geworden ist. Davon nicht zu trennen ist auch die Interpretation mit Hilfe jener jüdischen Vorstellung, Jesus sei als leidender Gerechter getötet worden, aber durch Gott in himmlische Wirklichkeit entrückt und damit rehabilitiert. Beide Deutungsmuster sind in jüdischen Texten, wie gezeigt, vermischt worden. Die eigentliche Spitze des Osterglaubens ist damit aber nicht erreicht, weil in solchen Deutungen nur ein punktuelles göttliches Handeln im Blick wäre – ohne umfassende eschatologische Relevanz. Jesus hätte als ein jüdischer Märtyrer oder vorbildlicher Gerechter bei seinen Anhängern eine Zeitlang Verehrung finden können; aber das wäre es dann auch gewesen. Hier greift eben das Argument, die Tradition von der Auferstehung der Märtyrer könne nicht das entscheidende Instrumentarium gewesen sein, den Glauben an die Auferstehung Jesu von den Toten zu erklären. Denn in der Tat: Der Märtyrer stirbt nur „als modellhafter Repräsentant der Gottesverehrung Israels"[221]. Jesus hätte bei seinen Anhängern allenfalls eine Verehrung finden können wie die makkabäischen

---

[221] M. *Karrer*, Leben und Tod 135.

Helden oder vielleicht Johannes der Täufer. Die eigentlich bedeutsame Implikation der Ostererfahrungen und damit die entscheidende Reduktion kognitiver Dissonanz lag aber in dem Vermögen der Jünger, Jesu originäre Leistung, sein eigenes punktuelles Wirken als Bestandteil der eschatologischen Durchsetzung der Gottesherrschaft zu begreifen, ihrerseits aufzunehmen und im Blick auf die Krisenerfahrung des Todes Jesu ganz neu zu aktivieren. Sie haben Jesu Todesgeschick als Märtyrer oder leidender Gerechter, dem himmlische Auferstehung bzw. Erhöhung zukam, nicht als isoliertes oder vorbildlich modellhaftes Geschehen gesehen, sondern als eschatologisches Ereignis, nämlich als eschatologische Totenauferstehung, die eine Abfolge weiterer Endereignisse nach sich ziehen würde.[222] Das bedeutete: Die eschatologische Durchsetzung der Herrschaft Gottes ist durch Jesu Tod nicht tangiert, ja Jesus als Repräsentant der Gottesherrschaft (Lk 11,20) würde beim Freudenmahl der Heilszeit selbst daran teilnehmen (Mk 14,25). In den Sog dieser Endereignisse gehörte wohl aufgrund der Erscheinungen in Galiläa die Rückkehr der Jünger nach Jerusalem. Infolge der entsprechend jüdischem Denken bekannten Zentrierung der Endereignisse auf die Heilige Stadt und den Zion mußte man den Fortgang derselben in Jerusalem erwarten. Man erhoffte möglicherweise die Parusie des Herrn und erlebte stattdessen die endzeitliche Ausgießung des Geistes Gottes – Pfingsten als Erfüllung von Joel 3,1–5. Doch ist dieser Entwicklung nicht weiter nachzugehen. Es genügt, den eschatologischen Horizont der Totenauferstehung Jesu herauszustellen, ihn also nicht erst als paulinisches Konzept zu begreifen, wie es 1 Kor 15,20ff. beschreibt.

---

[222] Vgl. *G. Lohfink*, Ablauf 149–167.

XI. Die Erhöhung Jesu als besonderer Aspekt des Osterglaubens

Der vorliegende Versuch, die historischen Entstehungsbedingungen des Osterglaubens zu rekonstruieren, hat darauf verzichtet, zwischen der Erscheinung vor Petrus und den Zwölfen zu differenzieren (vgl. 1 Kor 15,3–5). Eine solche Differenzierung hatte insofern keinen Sinn, als eine gesonderte Betrachtung der Erscheinung vor Petrus keine ausreichende Textbasis vorweisen kann. Weder weiß der Historiker Sicheres über die Gemütslage des Petrus nach seiner Verleugnung Jesu. Sein in Mk 14,72 erzähltes Weinen hat zunächst nur narrative Bedeutung im Anschluß an die zuvor berichtete Verleugnung und läßt sich nicht im Blick auf mögliche Schuldgefühle ausschlachten, die, individualpsychologisch betrachtet, in visionären Erlebnissen des Petrus ihre Auflösung finden konnten. Überhaupt wird man zwischen den Erscheinungen vor Petrus und den sog. Zwölfen inhaltlich kaum unterscheiden dürfen, da davon auszugehen ist, daß der Gegenstand der Visionen im Prinzip derselbe ist: Jesus als der von den Toten Auferweckte und Erhöhte.

Zu Recht wird nun gemeinhin darauf verwiesen, daß beide Deutungsmuster auf die visionären Erfahrungen zurückgehen dürften, Jesu Auferstehung von den Toten und Jesu Erhöhung. Bei der Präzisierung dessen, was denn Inhalt der ältesten Erhöhungsvorstellung gewesen ist, die mit einiger Wahrscheinlichkeit bereits Gegenstand der ersten Erscheinungen war, entstehen allerdings Probleme. So sehr der Auferstehungs- bzw. Erhöhungsgedanke, der ausgezeichneten Gerechten oder Märtyrern galt, etwa Weish 5,5 und 5,15f., bei der Entstehung des eschatologischen Osterglaubens eine dienende bzw. vorbereitende Rolle gespielt haben mag (s. o.), so wenig wird die Erhöhung des Auferstandenen in dieser allgemeinen Anschauung aufgehen. „Im Gegensatz zu der hin und wieder auftauchenden, eher allgemeinen Vorstellung, daß ausgezeichnete Gerechte, Märtyrer oder die Frommen sich ... zur Rechten Gottes aufhalten, bedeutet die Erhöhung des Gekreuzigten eine einzigartige Auszeichnung..."[223] Es ist allerdings auch kaum zulässig, die im ältesten Osterglauben implizierte Erhöhung sofort unter dem Einfluß von Ps 110,1 zu sehen, eben als von dort abgeleitete Vorstellung eines Thrones „zur Rechten Gottes"[224].

---

[223] M. Hengel, „Setze dich zu meiner Rechten!" 183f.
[224] So aber ders., a.a.O. 182: „Ps 110,1, wo ja auch noch der Titel 'adôn bzw. κύριος erschien, mußte hier sofort auffallen und mithelfen, das Phänomen der Erscheinungen des gekreuzigten Messias *überhaupt erst zu verstehen*, zu interpretieren und damit zu verkündigen." Ähnlich a.a.O. 185.

Denn dies wäre bereits der Schritt zu einer expliziten Christologie, während doch aufgrund der sehr alten partizipialen Gottesprädikation (s.o.) die älteste Osterdeutung sich auf eine theologische Aussage beschränkt haben dürfte: Gott hat Jesus, den Repräsentanten der Gottesherrschaft, von den Toten auferweckt und damit seine Botschaft neu legitimiert; diese eschatologisch verstandene Totenauferweckung implizierte dementsprechend auch den Anbruch der Endereignisse und die Teilnahme des auferweckten Jesus am eschatologischen Heilsmahl (Mk 14,25). Dabei konnte es auf Seiten der Jünger gar nicht nahegelegen haben, die Erhöhungsaussage aus Ps 110,1 („Setze dich zu meiner Rechten...") in dem frühen Reflexionsstadium auf Jesus zu beziehen, in dem sein Kreuzestod der zu verarbeitende Anstoß war, weil Ps 110 als ganzer „die messianische Inthronisation" nicht „als Antwort auf den voraufgehenden Tod, gar den Hinrichtungstod des Auserwählten, erfolgen läßt..."[225] Auch die anders ausgerichtete Erhöhungsaussage, wonach Jesus „seit/aufgrund der Auferstehung der Toten" zum Sohn Gottes eingesetzt ist (Röm 1,3f.), gehört hier noch nicht hin, da auch sie eine mit Hilfe von Ps 2 bereits entfaltete Christologie voraussetzt.[226] Die bisher negativ gebliebene Suche, wie denn die früheste Erhöhungsvorstellung zu bestimmen sei, ist aber nicht dahingehend zuzuspitzen, daß die Auferweckung ursprünglich keine Erhöhung (im Sinne der gegenwärtigen Machtstellung) eingeschlossen habe, weil 1 Kor 15,3–5 die Erhöhung gar nicht ausdrücklich nennt[227]. Dagegen spricht die Überlegung, daß man nur unter der Voraussetzung, „daß der Auferweckte als im Himmel befindliche und mit gottgleicher Aktionsmacht ausgestattete Größe vorgestellt ist", auf die Idee kommen konnte, „das ‚er ließ sich sehen' der Gotteserscheinungen vom auferweckten Jesus auszusagen."[228] Dies sichert aber nur die Annahme, daß die Glaubensformel 1 Kor 15,3–5 den Erhöhungsgedanken einschließt, aber noch nicht, daß die ersten Ostererfahrungen der Jünger bereits die Überzeugung beinhalteten, daß sich Jesus „im Besitz gottgleicher Aktionsfähigkeit vom Himmel her" zu sehen gegeben habe[229].

Man wird sich hier aufgrund der spröden Quellenlage mit bescheideneren Antworten zufrieden geben müssen. In jedem Fall aber gilt die allgemeine Erkenntnis: Schon die Tatsache, daß Jesus den Jüngern als „Lebender", d.h. für sie als Auferweckter visionär erscheint, kennzeichnet seinen

---

[225] *A. Vögtle,* „Menschensohn"-Hypothese 85.
[226] Vgl. zu Röm 1,3f. *U. B. Müller,* „Sohn Gottes".
[227] Vgl. die Überlegung bei *W. Thüsing,* Erhöhungsvorstellung 43.
[228] *A. Vögtle/R. Pesch,* Osterglaube 58.
[229] Vgl. a.a.O. 59.

gegenwärtigen Zustand. Er ist für sie in einer Position, die eine Kommunikation mit ihnen ermöglicht, so daß *er* auf sie hin wirksam ist[230]. Dabei wird eine gewisse Präzisierung möglich sein. Die österliche Position Jesu wird eine entscheidende vorösterliche Vorgabe im Wirken Jesu von Nazaret haben. Anhand von Lk 11,20 wurde ja schon deutlich, daß Jesus mit dem Anspruch auftrat, eschatologischer Repräsentant der Gottesherrschaft zu sein, insofern in seinen eigenen Exorzismen die Herrschaft Gottes auf Erden anbrach. Er ist also heilsmittlerischer Prophet: Sein Wirken ist Bestandteil der Durchsetzung des Reiches Gottes. Ergänzend gilt aber auch, daß Jesus das eschatologische Geschick der Menschen von der Stellungnahme zu sich und seiner Botschaft abhängig machte. Diese Aussage hat auch dann Gültigkeit, wenn man von dem heftig umstrittenen Wort vom Bekennen und Verleugnen (Mt 10,32f. bzw. Lk 12,8f.) absieht, dessen Authentizität mit guten Gründen bestritten wird.[231] Blickt man nämlich auf Lk 11,31 f.[232], so wird deutlich, daß Jesus nicht nur die Relevanz seines Auftretens über den Anspruch des Jona oder Salomos stellte, sondern auch die Verurteilung „dieses Geschlechts" im endzeitlichen Gericht von der Stellungnahme zu sich und seiner Botschaft abhängig machte. Ähnliches trifft auf Lk 13,1–5 zu, wenn die dort geforderte Umkehr nicht wie bei Johannes dem Täufer Hinkehr zur Tora bedeutet, sondern Hinkehr zu Jesus und seiner Botschaft. Lk 11,23 schließlich vermag die Exklusivität seines Anspruchs noch zu verdeutlichen: „Wer nicht mit mir ist, ist gegen mich, und wer nicht mit mir sammelt, der zerstreut."

Jesus hat nun selbst angesichts des von ihm erwarteten Todes seine eigene Teilhabe am endzeitlichen Freudenmahl angekündigt (Mk 14,25). Es lag deshalb für die Jünger nahe, angesichts der Erfahrung von Ostern, die eine eschatologische Rehabilitierung Jesu durch Gott selbst bedeutete, eine besonders qualifizierte Funktion Jesu bei der Vollendung der Gottesherrschaft anzunehmen, die seiner früheren Position als irdischer Repräsentant der Gottesherrschaft entsprach, an dem sich das Geschick der Menschen – je nach der Stellungnahme zu ihm – entschied. Für die Jünger Jesu dürfte dabei die Würdestellung Jesu beim zukünftigen Mahl der vollendeten Gottesherrschaft bedeutungsvoller gewesen sein als die der verehrten Erzväter oder sonstiger Gestalten der Geschichte Israels, die ebenfalls anwesend sein sollten (vgl. Mt 8,11 f.). Die Frage ist nur, ob hier eine sprachliche Präzisierung möglich ist.

---

[230] Vgl. die Schlußfolgerung bei *Thüsing*, Erhöhungsvorstellung 44 f.
[231] *E. Lohse*, Grundriß 45–49; *W. Zager*, Gottesherrschaft 266–274; *A. Vögtle*, „Menschensohn"-Hypothese 70–75; *A. Vögtle*, Gretchenfrage 147 f.
[232] Vgl. *P. Hoffmann*, Jesus versus Menschensohn 197 f.

Es ist nun ziemlich sicher, daß die früheste palästinische Gemeinde das Herrenmahl unter eschatologischem Vorzeichen feierte, wie ja noch der eschatologische Ausblick der Einsetzungsworte in 1 Kor 11,26 zeigt. Es ist gleichfalls wahrscheinlich, daß der noch bei Paulus aramäisch tradierte Flehruf „Marana tha" mit der Bedeutung „Unser Herr, komm!" (1 Kor 16,22; vgl. Offb 22,20) einen wichtigen Platz im Gottesdienst hatte. „Dieser Gebetsruf ist ein besonders signifikantes Indiz einer völlig neuen Heilbringerkonzeption, die auf dem Glauben an den zu Gott erhöhten Jesus gründet. Das gesamte Judentum richtete die Bitte um das Kommen der Heilszukunft nur an Gott selbst: daß er den Messias sende u.ä. Für jede Form der zeitgenössischen Heilserwartung war es schlechthin unmöglich, die Bitte um das Kommen des Endheils statt an Jahwe an einen von diesem unterschiedenen Heilsmittler zu richten."[233] Der fest geprägte Flehruf „Unser Herr, komm!" setzt nun aber bereits eine entwickelte Christologie voraus – so wie sie in dem eben zitierten Satz charakterisiert ist.[234] Von Anfang an braucht dies aber keineswegs so pointiert gedacht gewesen sein. Denn angesichts der vom irdischen Jesus selbst noch verheißenen eigenen Teilnahme am vollendeten Mahl der Gottesherrschaft dürfte der mit der nachösterlichen Mahlfeier „verbundene Flehruf ‚Unser Herr, komm' (nämlich: ‚komm bald!')" zumindest anfänglich in erster Linie die Bitte um allgemeine Heilsvollendung, zu der freilich auch die Wiederkunft des „Herrn" gehörte, im Blick gehabt haben.[235] Ein Zusammenhang zwischen der Verheißung Jesu Mk 14,25, die auf die eschatologische Mahlgemeinschaft abzielt, und dem Bittruf des nachösterlichen Herrenmahles ist dabei wohl anzunehmen. Wenn der Gebetsruf „Unser Herr, komm!" bei dem erkennbaren Bezug auf die Ankündigung der Heilsvollendung Mk 14,25 die Bitte um die Vollendung der Gottesherrschaft in betonter Weise personal formuliert im Blick auf den erhöhten Herrn, so wird darin zugleich eine Nachwirkung jenes Anspruchs des irdischen Jesus vorliegen, wonach die Stellungnahme für oder gegen ihn über das endzeitliche Geschick entschied. Der irdische Jesus war für die Jünger Exponent bzw. Repräsentant der Gottesherrschaft; der von Gott durch die eschatologische Totenauferweckung rehabilitierte und erhöhte Jesus mußte dies in veränderter Weise um so mehr sein. Die Vermutung drängt sich deshalb auf, daß die früheste sprachliche Artikulation des Erhöhungsgedankens, die in den visionären Ostererscheinungen wurzelte, in

---

[233] *A. Vögtle*, „Menschensohn"-Hypothese 84.
[234] Zu „Maranatha" als Ansatzpunkt der Entfaltung der Menschensohnchristologie vgl. *A. Vögtle*, Gretchenfrage 145 ff.
[235] *A. Vögtle*, „Menschensohn"-Hypothese 84.

dem Bekenntnis Jesu als *marana* „unser Herr" ihren Ausdruck fand[236]. Der bald entstandene Gebetsruf „Marana tha" wäre dann die bereits christologisch reflektierte Konsequenz dieser österlichen Überzeugung von der Erhöhung Jesu.

---

[236] Ein solcher erster Gebrauch des Mara-Titels hätte noch keine eigentlich christologisch reflektierten Implikationen gehabt, was der Mara-Bezeichnung als religiös unbelastetem Begriff entsprochen hätte. Er wäre nur als unmittelbare Betroffenheitsreaktion auf die „Erscheinungen" zu deuten. Doch bleiben solche Überlegungen notwendigerweise unsicher.

XII. Schlußbemerkungen

Die Überlegungen haben zu zeigen versucht, daß es sinnvoll ist, den Aspekt der Kontinuität zwischen der Verkündigung Jesu und dem ältesten Osterglauben stärker zu betonen, als dies oftmals geschieht. Die Neigung, hier einen Bruch anzunehmen, ist groß und entstammt häufig systematischen bzw. dogmatischen Interessen. Entweder meint man, nur bei Annahme eines übernatürlichen Eingriffs Gottes die Wahrheit des Auferstehungsglaubens retten zu können, oder sieht die existentiale Relevanz des Christuskerygmas am ehesten gewahrt, wenn man von einem grundsätzlichen Unterschied zwischen Jesu Verkündigung und nachösterlichem Kerygma ausgeht, so daß man die historische Frage nach der Entstehung des Auferstehungsglaubens als irrelevant oder nicht beantwortbar aufgibt. Man kann dann die These aufstellen: „Der Bruch im Gottesverständnis führt zu einer Neubewertung des Schicksals Jesu, die weder aus dem Auftreten Jesu abzuleiten noch als kontinuierliche Weiterführung bereitliegender Interpretationsmodelle zu denken ist."[237] Doch sollte man sich davor hüten, zu vorschnell – aus welchen Gründen auch immer – die Entstehung des Osterglaubens zu einem nicht hinterfragbaren Urereignis werden zu lassen, das letztlich aus der historisch zu untersuchenden Ereignisfolge der Geschichte herausfällt. Gewiß ist das historische Interesse nicht einfach voraussetzungslos. Es ist durch die Prinzipien der Analogie sowie der korrelativen Verflechtung geschichtlicher Ereignisse bestimmt und neigt von daher dazu, den Aspekt kontinuierlichen Geschehens mehr zu berücksichtigen als die Diskontinuität oder den Bruch in der Geschichte. Die Anwendung historisch-kritischer Prinzipien hat sich jedoch jeweils im Einzelfall geschichtlicher Nachfrage zu bewähren und den Grad ihrer Plausibilität im differenzierten Umgang mit den Quellen zu erweisen.

Ohne ein gewisses Ausmaß an einzukalkulierender Hypothetik ist gerade bei der Frage nach der Entstehung des Glaubens an die Auferstehung Jesu nicht auszukommen. Die innere Plausibilität des hier vorgelegten Lösungsvorschlags hängt dabei auch von der psychologischen Wahrscheinlichkeit ab, mit der die Bezugnahme auf die Situation der Jünger vor und nach dem Tode Jesu geschieht, so sehr gerade da Unsicherheiten bestehen. Doch gilt andererseits, daß ohne Berücksichtigung psychologischer Faktoren das ganze Geschehen im Dunkeln bleibt – im Dunkeln bleiben soll, wie vielleicht einige stillschweigend meinen. Gleichwohl

---

[237] *P.-G. Klumbies*, Ostern 165.

wäre es eine unerträgliche Inkonsequenz, die historische Nachfrage bei sonstigen Geschehnissen israelitisch-jüdischer und frühchristlicher Geschichte voranzutreiben, beim Thema „Osterglaube" jedoch abzubrechen – und sei es mit dem an sich ernstzunehmenden Verweis auf die Eigenart der Quellen.

Sprüche Jesu wie Berichte über ihn, wie sie in den synoptischen Evangelien überliefert sind, lassen jeden Leser etwas spüren von der Faszination, die Jesu Botschaft auf seine Zeitgenossen ausübte – eine Faszination, die primär im Religiösen ihren Grund hatte. Man hat sehr schön gesagt: „Diese Botschaft war nicht die eines Gescheiterten, sondern sie trug sogar noch im Scheitern selbst; sie war in der Lage, das Scheitern bestehen zu helfen."[238] In diesem Sinne war nach der Erfahrung der Tragfähigkeit dieser Botschaft angesichts des Todes Jesu zu fragen. Die Antwort fand sich in jenem „Überschuß" an Heilsgewinn, den das Erlebnis der bereits anbrechenden Gottesherrschaft für die Jünger brachte. Als Prophet der eschatologischen Gottesherrschaft vermittelte Jesus ihnen die Überzeugung, daß an sich partikulare Ereignisse wie die Überwindung dämonisch verstandener Krankheiten oder die gemeinsamen Mahlzeiten, die auch die „Zöllner und Sünder" integrierten, nicht nur Augenblickserfahrungen darstellen, sondern die Gegenwart in der Weise übersteigen, daß diese als endgültige Heilswende bei den Menschen „ankommt" – als Herrschaft Gottes, die schon mitten unter ihnen wirksam ist (Lk 17,20f.). Es ist derselbe Gott, der einem Strang alttestamentlich-jüdischer Überlieferung zufolge Herr auch über die Toten ist. Jesus selbst hatte seinen möglichen Tod nicht als Widerlegung seiner Botschaft betrachtet, sondern Gottes Herrschaftsantritt für so gewiß gehalten, daß er seine eigene Teilnahme am eschatologischen Festmahl ankündigte.

Es gehört nun zum Kontingenzcharakter geschichtlicher Wirklichkeit, daß diese Botschaft selbst noch im Scheitern getragen hat, ja die von ihr Betroffenen instand setzte, das Scheitern zu bestehen. Entscheidend war dabei das Vermögen der Jünger, analog den eschatologisch verstandenen Taten Jesu, die wie die Dämonenaustreibungen zunächst nur zufällige Geschichtstatsachen sind, den eventuellen Märtyrertod Jesu bzw. sein Schicksal als leidender Gerechter als den entscheidenden Ort zu sehen, an dem sich Gottes Herrschaftsdurchsetzung endgültig erweist – in der Auferweckung Jesu von den Toten. Damit war dieser ihr Prophet nicht nur vom Vorwurf der Illegitimität befreit, vielmehr drängte sich den Jüngern die Erkenntnis auf, daß sich die Endereignisse entsprechend eschatologischer Erwartung realisierten. Wenn hier vom Vermögen der Jünger die

---

[238] *I. Broer*, Der Herr 61.

Rede ist, jene grundlegende Erfahrung, die sie im Umgang mit Jesus als daseinsverändernden Heilsgewinn erlebt haben, auf ihre Einstellung zum Tode Jesu zu beziehen, so erklärt sich diese neu vermittelte Wertung seines Todes nicht als Ausdruck überbordender apokalyptischer Phantasie oder visionärer Begabung – solche Fähigkeiten hätten der deprimierenden Negativerfahrung des Todes kaum standgehalten. Der einzig plausible Grund ihres „Auferstehungsglaubens" ist ihre bereits durch Jesus real vermittelte Sicht vom Herrschaftsantritt des Gottes, der seine Macht gegenüber allen Negativgewalten dieser Welt durchsetzt.

Zum Menschen gehört es, seine erlebte Welt durch Deutung des Erlebten zu ordnen; denn ohne Interpretation wäre die erlebte Welt chaotisch. Religiöse Deutungssysteme, die symbolischen Charakter haben, helfen dem Menschen, sogar Extremsituationen als sinnvolle Motivationen in sein Leben zu integrieren (s. o.). Ja, erst im Licht einer symbolischen Welt begegnen die ansonsten vieldeutigen oder sinnleeren Gegebenheiten als sinnvolle Welt. Jesu Dämonenaustreibungen waren vieldeutig. Man konnte sie als Handlungen eines Verrückten (Mk 3,21), als Pakt Jesu mit dem „Fürsten der Dämonen" (Mk 3,22) oder eben als Ereignis der anbrechenden Gottesherrschaft verstehen. Im Symbol „Gottesherrschaft" erschloß sich den Jüngern Jesu ein ungeahnter Sinngewinn inmitten einer bedrohlichen, dämonischen Mächten ausgelieferten Welt.

Auch Jesu Kreuz war auf den ersten Blick vieldeutig, ja sinnvernichtend. Noch Paulus bezeugt bekanntlich, daß das Kreuz für Juden einen Anstoß bedeutete, für Heiden eine Torheit war, für Christen aber „Gottes Kraft und Gottes Weisheit" (1 Kor 1,23f.). Für Kephas und die Zwölf verdichtete sich in den Ostererfahrungen die Gewißheit, daß Gott in der eschatologischen Auferstehung Jesu von den Toten endgültig daranging, seine Herrschaft durchzusetzen. Die längst vorgegebene Deutekategorie „Auferstehung der Toten", die jüdische Kreise instand setzte, das Geschick getöteter Frommer in das Bild einer gerechten Weltordnung einzuordnen, die aber im Bereich der verschiedenen jüdischen Gruppen eine umstrittene Anschauung blieb, gewann bei den ersten Christen eine ungeahnte symbolische Kraft, die den Tod Jesu am Kreuz als Ort göttlicher Herrschaftsmacht verstehen ließ; dies konnte deshalb geschehen, weil Jesu irdisches Wirken bereits als Ansatz endgültiger Rettung erfahren wurde. Im Symbol „Auferstehung Jesu von den Toten" erschließt sich seitdem die Möglichkeit einer neuen Wirklichkeitssicht, die dem Tod nicht mehr das letzte Wort gibt, ihn nur mehr als „letzten Feind" ansieht (1 Kor 15,26), dessen Vernichtung bereits beschlossene Sache ist. Dabei gehört es zum Wesen des Symbols, daß es neue Lebenshorizonte eröffnet. Die symbolisch erschlossene Wirklichkeit wird für den, der sich auf das Symbol einläßt, zur eigentlichen Wirklichkeit, die die Zufälligkeit sogenannter realer

Gegebenheiten hinter sich läßt. Symbole deuten nicht nur, sie schaffen neue Wirklichkeit, indem sie das Zufällige oder Chaotische zu einer neuen Ordnung strukturieren. Paulus konnte das in den visionären Erfahrungen der Jünger als umwälzend neu erfahrene Symbol „Auferstehung Jesu von den Toten" aufnehmen und in seinem Licht die eigene bisherige Existenz aufgeben: „wegen der überragenden Erkenntnis Christi Jesu", d. h. aufgrund der Erkenntnis der „Kraft seiner Auferstehung und Gemeinschaft mit seinen Leiden" (Phil 3,8.10). Angesichts des auferstandenen Christus sieht Paulus sein Leben verwandelt – eine Neuausrichtung seiner Existenz, die bereits jetzt die Todesmacht grundlegend relativiert. Als Verkündiger wirken wir – so sagt er – „als Sterbende und (doch) – siehe: Wir leben!, als Gezüchtigte und (doch) nicht Getötete..." (2 Kor 6,9).

Literaturverzeichnis

M. Albertz, Zur Formgeschichte der Auferstehungsberichte, ZNW 21, 1922, 259–269.
R. Albertz, Der Gott des Daniel, SBS 131, 1988.
–, Religionsgeschichte Israels in alttestamentlicher Zeit 2, ATD Ergänzungsreihe 8/2, 1992.

K. Backhaus, Die „Jüngerkreise" des Täufers Johannes, Paderborner Theologische Studien 19, 1991.
H. W. Bartsch, Inhalt und Funktion des urchristlichen Osterglaubens, ANRW II 25,1, 1982, 795–890.
J. B. Bauer, Drei Tage, Biblica 39, 1958, 354–358.
J. Becker, Auferstehung der Toten im Urchristentum, SBS 82, 1976.
–, Das Evangelium nach Johannes Kapitel 11–21, ÖTK 4/2, ³1991.
–, Das Gottesbild Jesu und die älteste Auslegung von Ostern, in: ders., Annäherungen, BZNW 76, 1995, 23–47.
–, Jesus von Nazaret, Berlin/New York 1996.
–, Untersuchungen zur Entstehungsgeschichte der Testamente der zwölf Patriarchen, AGSU 8, 1970.
–, Das Urchristentum als gegliederte Epoche, SBS 155, 1993.
K. Berger, Die Amen-Worte Jesu, BZNW 39, 1970.
–, Die Auferstehung des Propheten und die Erhöhung des Menschensohnes, StUNT 13, 1976.
–/*C. Colpe*, Religionsgeschichtliches Textbuch zum NT, NTD Textreihe Bd. 1, Göttingen/Zürich 1987.
J. Blank, Der „eschatologische Ausblick" Mk 14,25 und seine Bedeutung, in ders., Studien zur biblischen Theologie, Stuttgarter Biblische Aufsatzbände 13, 1992, 133–145.
G. Bornkamm, Jesus von Nazareth, Urban-Bücher 19, ⁸1968.
F. Bovon, Das Evangelium nach Lukas (Lk 1,1–9,50), EKK III/1, 1989.
I. Broer, „Der Herr ist wahrhaftig auferstanden" (Lk 24,34)", in: L. Oberlinner (Hg.), Auferstehung Jesu – Auferstehung der Christen. Deutungen des Osterglaubens, QD 105, 1986, 39–62.
R. Bultmann, Die Geschichte der synoptischen Tradition, FRLANT 29, ⁹1979.
–, Das Verhältnis der urchristlichen Christusbotschaft zum historischen Jesus, in: ders., Exegetica, hg. von E. Dinkler, Tübingen 1967, 445–469.

H. v. Campenhausen, Der Ablauf der Osterereignisse und das leere Grab, SAHW. PH 4. Abhandlung ⁴1977.
H.C. Cavallin, Life After Death, CB.NT 7/1, Uppsala 1974.
H. Conzelmann, Der erste Brief an die Korinther, KEK ²1981.
O. Cullmann, Die Bedeutung des Herrenmahls im Urchristentum (1936), in: ders., Vorträge und Aufsätze, Tübingen/Zürich 1966, 505–523.

G. Dautzenberg, Urchristliche Prophetie, BWANT 104, 1975.
G. Delling, Βάπτισμα βαπτισθῆναι, NT 2, 1958, 92–115.
M. Dibelius, Jesus, 3.Aufl. hrsg. von W. G. Kümmel 1960.

L. Festinger, Die Lehre von der ‚kognitiven Dissonanz', in: W. Schramm (Hg.), Grundfragen der Kommunikationsforschung, München ²1968, 27–38.

M. Frenschkowski, Offenbarung und Epiphanie, Bd.1. Grundlagen des spätantiken und frühchristlichen Offenbarungsglaubens, WUNT 2. Reihe 79, 1995.

G. Friedrich, Die Auferweckung Jesu, eine Tat Gottes oder ein Interpretament der Jünger? in: ders., Auf das Wort kommt es an, Ges. Aufsätze, Göttingen 1978, 319–353.

–, Die Verkündigung des Todes Jesu im Neuen Testament, BThSt 6, 1982.

J. Gnilka, Jesus von Nazareth. Botschaft und Geschichte, Freiburg/Basel/Wien 1993.

H. Gollinger, „Wenn einer stirbt, lebt er dann wieder auf?" (Ijob 14,14), in: L. Oberlinner (Hg.), Auferstehung Jesu – Auferstehung der Christen, QD 105, 1986, 11–38.

E. Gräßer, Die Naherwartung Jesu, SBS 61, 1973.

H. Graß, Ostergeschehen und Osterberichte, Göttingen, ⁴1970.

H. Gunkel, Das 4. Buch Esra, in: E. Kautzsch, Die Apokryphen und Pseudepigraphen des Alten Testaments II, ²1962, S. 331–401.

F. Hahn, Jesu Wort vom bergeversetzenden Glauben, ZNW 76, 1985, 149–169.

–, Methodologische Überlegungen zur Rückfrage nach Jesus, in: K. Kertelge (Hg.), Rückfrage nach Jesus, QD 63, 1974, 11–77.

W. Harnisch, Die Gleichniserzählungen Jesu, UTB 1343, 1985.

B. Heininger, Paulus als Visionär, Herders Biblische Studien 9, Freiburg 1996.

M. Hengel, Ist der Osterglaube noch zu retten? ThQ 153, 1973, 252–269.

–, Maria Magdalena und die Frauen als Zeugen, in: O. Betz u.a. (Hg.), Abraham unser Vater, FS O. Michel, Leiden 1963, 243–256.

–, „Setze dich zu meiner Rechten!" Die Inthronisation Christi zur Rechten Gottes und Psalm 110,1, in: M. Philonenko (Hg.), Le Trône de Dieu, WUNT 69, 1993, 108–194.

J. W. van Henten, Das jüdische Selbstverständnis in den ältesten Martyrien, in: ders., Die Entstehung der jüdischen Martyrologie, Studia Post-Biblica 38, 1989, 127–161.

E. Hirsch, Osterglaube. Die Auferstehungsgeschichten und der christliche Glaube (1940), neu hrsg. von H.M. Müller 1988.

P. Hoffmann, Art. Auferstehung. I/3 Neues Testament, TRE 4, 450–467.

–, Art. Auferstehung Jesu Christi. II/1 Neues Testament, TRE 4, 478–513.

–, Einführung, in: ders. (Hg.), Zur neutestamentlichen Überlieferung von der Auferstehung Jesu, WdF 522, Darmstadt 1988, 1–14.

–, Die historisch-kritische Osterdiskussion von H. S. Reimarus bis zu Beginn des 20. Jahrhunderts, in ders. (Hg.), Zur neutestamentlichen Überlieferung von der Auferstehung Jesu, Wege der Forschung 522, Darmstadt 1988, 15–67.

–, Der Glaube an die Auferweckung Jesu in der neutestamentlichen Überlieferung, in: ders.: Studien zur Frühgeschichte der Jesus-Bewegung, Stuttgarter Biblische Aufsatzbände 17, 1994, 188–256.

–, Jesus versus Menschensohn. Mt 10,32f. und die synoptische Menschensohnüberlieferung, in: L. Oberlinner/P. Fiedler (Hgg.), Salz der Erde – Licht der Welt, FS A. Vögtle, Stuttgart 1991, 165–202.

J. Jeremias, Die Gleichnisse Jesu, Göttingen ⁷1965.

–, Neutestamentliche Theologie. Erster Teil: Die Verkündigung Jesu, Gütersloh 1971.

Jörg Jeremias, Anfänge der Schriftprophetie, ZThK 93, 1966, 481–499.

O. Kaiser, Der Prophet Jesaja, Kapitel 13–39, ATD 18, ²1976.
M. Karrer, Ist Größeres nicht als Leben und Tod? Zur Auferstehung, EvErz 47, 1995, 126–141.
U. Kellermann, Auferstanden in den Himmel. 2 Makkabäer 7 und die Auferstehung der Märtyrer, SBS 95, 1979.
–, Das Danielbuch und die Märtyrertheologie der Auferstehung, in: J. W. van Henten (Hg.), Die Entstehung der jüdischen Martyrologie, Studia Post-Biblica 38, 1989, 51–75.
H.-J. Klauck, Herrenmahl und hellenistischer Kult, NTA NF 15, ²1986.
G. Klein, Die Berufung des Petrus, in ders., Rekonstruktion und Interpretation, Ges. Aufsätze zum NT, BevTh 50, 1969, 11–48.
K. Th. Kleinknecht, Der leidende Gerechtfertigte, WUNT 2. Reihe 13, 1984.
P.-G. Klumbies, „Ostern" als Gottesbekenntnis und der Wandel zur Christusverkündigung, ZNW 83, 1992, 157–165.
B. Kollmann, Jesus und die Christen als Wundertäter. Studien zu Magie, Medizin und Schamanismus in Antike und Christentum, FRLANT 170, 1996.
–, Ursprung und Gestalten der frühchristlichen Mahlfeier, GTA 43, 1990.
W. G. Kümmel, Verheißung und Erfüllung, AThANT 6, ³1956.
H. W. Kuhn, Die Kreuzesstrafe während der frühen Kaiserzeit. Ihre Wirklichkeit und Wertung in der Umwelt des Urchristentums, ANRW II 25/1, 1982, 648–793.
H. Kvalbein, Die Wunder der Endzeit – Beobachtungen zu 4Q 521 und Matth 11,5p, ZNW 88, 1997, 111–125.

K. Lehmann, Auferweckt am dritten Tage nach der Schrift, QD 38, ²1969.
H. Lichtenberger, Auferweckung in der zwischentestamentlichen Literatur und rabbinischen Theologie, Conc 29, 1993, 417–422.
G. Lohfink, Der Ablauf der Osterereignisse und die Anfänge der Urgemeinde, in: ders., Studien zum Neuen Testament, Stuttgarter Biblische Aufsatzbände 5, 1989, 149–171.
–, Das Gleichnis vom Sämann (Mk 4,3–9), in: ders., Studien zum Neuen Testament, Stuttgarter Biblische Aufsatzbände 5, 1989, 91–130.
E. Lohse, Grundriß der neutestamentlichen Theologie, ThW 5, ³1984.
G. Lüdemann, Die Auferstehung Jesu. Historie, Erfahrung, Theologie, Göttingen 1994.
D. Lührmann, Das Markusevangelium, HNT 3, 1987.

H. Merklein, Die Auferweckung Jesu und die Anfänge der Christologie (Messias bzw. Sohn Gottes und Menschensohn), in: ders., Studien zu Jesus und Paulus, WUNT 43, 1987, 221–246.
–, Der erste Brief an die Korinther, Kapitel 1–4, ÖTK 7/1, 1992.
–, Jesu Botschaft von der Gottesherrschaft, SBS 111, ³1989.
–, Wie hat Jesus seinen Tod verstanden?, Pastoralblatt 48, 1996, 355–366.
U. B. Müller, Die Offenbarung des Johannes, ÖTK 19, ²1995.
–, „Sohn Gottes" – ein messianischer Hoheitstitel Jesu, ZNW 1996, 1–32.
–, Vision und Botschaft. Erwägungen zur prophetischen Struktur der Verkündigung Jesu, ZThK 74, 1977, 416–448.

J. M. Nützel, Zum Schicksal des eschatologischen Propheten, BZ NF 20, 1976, 59–94.

L. Oberlinner, Todeserwartung und Todesgewißheit. Zum Problem einer historischen Begründung, SBB 10, Stuttgart 1980.

–, Zwischen Kreuz und Parusie, in: ders. (Hg.), Auferstehung Jesu – Auferstehung der Christen. Deutungen des Osterglaubens, QD 105, 1986, 63–95.

A. Oepke, Art. βαπτίζω, ThWNT I, 527–544.

R. Otto, Reich Gottes und Menschensohn, München ²1934.

R. Pesch, Zur Entstehung des Glaubens an die Auferstehung Jesu, ThQ 153, 1973, 201–228.

O. Plöger, Das Buch Daniel, KAT 18,1965.

E. Puech, Une apocalypse messianique (4Q 521), RdQ 15, 1992, 475–517.

M. Reiser, Die Gerichtspredigt Jesu. Eine Untersuchung zur eschatologischen Verkündigung Jesu und ihrem frühjüdischen Hintergrund, NTA NF 23, 1990.

L. Ruppert, Der leidende (bedrängte, getötete) Gerechte nach den Spätschriften des Alten Testaments (inclusive Septuaginta) und der (nichtrabbinischen) Literatur des Frühjudentums unter besonderer Berücksichtigung des Gottesbildes, in: J. W. van Henten, Die Entstehung der jüdischen Martyrologie, Studia Post-Biblica 38, 1989, 76–87.

M. Sato, Q und Prophetie, Studien zur Gattungs- und Traditionsgeschichte der Quelle Q, WUNT 2. Reihe 29, 1988.

B. Schaller, Das Testament Hiobs, JSHRZ III/3, 1979.

A. Schmitt, Das Buch der Weisheit, Würzburg 1986.

–, Wende des Lebens, BZAW 237, 1996.

O. Schwankl, Die Sadduzäerfrage (Mk. 12,18–27 parr.). Eine exegetisch-theologische Studie zur Auferstehungserwartung, BBB 66, 1987.

K. Seybold, Der Prophet Jeremia. Leben und Werk, Urban Taschenbücher 416, 1993.

H. Stegemann, Die Essener, Qumran, Johannes der Täufer und Jesus, Freiburg/Basel/Wien 1993.

G. Stemberger, Der Leib der Auferstehung, AnBib 56, 1972.

–, Das Problem der Auferstehung im Alten Testament, in: ders., Studien zum rabbinischen Judentum, Stuttgarter Biblische Aufsatzbände 10, 1990, 19–45.

–, Zur Auferstehungslehre in der rabbinischen Literatur, in: ders., Studien zum rabbinischen Judentum, Stuttgarter Biblische Aufsatzbände 10, 1990, 47–88.

D. F. Strauß, Das Leben Jesu kritisch bearbeitet. 2.Band, Tübingen 1836 = Nachdruck Darmstadt 1969.

–, Das Leben Jesu für das deutsche Volk bearbeitet I, ¹⁷1905.

G. Theißen, Psychologische Aspekte paulinischer Theologie, FRLANT 131, 1983.

–, Urchristliche Wundergeschichten, StNT 8, 1974.

–/*A. Merz*, Der historische Jesus, Göttingen 1996.

W. Thüsing, Erhöhungsvorstellung und Parusieerwartung in der ältesten nachösterlichen Christologie, SBS 42, 1969.

D. Trunk, Der messianische Heiler, Herders Biblische Studien 3, 1994.

A. Vögtle, Die ‚Gretchenfrage' des Menschensohnproblems, QD 152, 1994.

–, Eine überholte „Menschensohn"-Hypothese? in: Wissenschaft und Kirche, FS E. Lohse, Bielefeld 1989, 70–95.
–/R. *Pesch*, Wie kam es zum Osterglauben? Düsseldorf 1975.
S. *Vollenweider*, „Ich sah den Satan wie einen Blitz vom Himmel fallen" (Lk 10,18) ZNW 79, 1988, 187–203.
–, Ostern – der denkwürdige Ausgang einer Krisenerfahrung, ThZ 49, 1993, 34–53.
P. *Volz*, Die Eschatologie der jüdischen Gemeinde im neutestamentlichen Zeitalter, Tübingen 1934 = Nachdruck Hildesheim 1966.

H. *Weder*, Die Gleichnisse Jesu als Metaphern, FRLANT 120, ³1984.
Ch. H. *Weiße*, Evangelische Geschichte kritisch und philosophisch bearbeitet, Leipzig 1838.
J. *Wellhausen*, Das Evangelium Lucae, 1904.
P. *Welten*, Die Vernichtung des Todes und die Königsherrschaft Gottes, ThZ 38, 1982, 129–146.
H. *Wildberger*, Jesaja, 2. Teilband Jes 13–27, BK X/2, 1978.
H. *Windisch*, Der Zweite Korintherbrief, KEK ⁹1924 = Nachdruck 1970.
P. *Wolf*, Liegt in den Logien von der „Todestaufe" (Mk 10,38f.; Lk 12,49f.) eine Spur des Todesverständnisses Jesu vor?, theol. Dissertation (ungedruckt) Freiburg 1973.
M. *Wolter*, „Was heisset nu Gottes reich?" ZNW 86, 1995, 5–19.
H. *Wrede*, Consecratio in formam deorum. Vergöttlichte Privatpersonen in der römischen Kaiserzeit, Mainz 1981.

W. *Zager*, Gottesherrschaft und Endgericht in der Verkündigung Jesu, BZNW 82, 1996.
–, Wie kam es im Urchristentum zur Deutung des Todes Jesu als Sühnegeschehen? ZNW 87, 1996, 165–186.
E. *Zenger*, Art. Herrschaft Gottes/Reich Gottes II. Altes Testament, TRE 15, 1986, 176–189.